MODELAGEM PLANA MASCULINA

Editora Senac São Paulo – São Paulo – 2017

ADMINISTRAÇÃO REGIONAL DO SENAC NO ESTADO DE SÃO PAULO

Presidente do Conselho Regional
Abram Szajman

Diretor do Departamento Regional
Luiz Francisco de A. Salgado

Superintendente Universitário e de Desenvolvimento
Luiz Carlos Dourado

EDITORA SENAC SÃO PAULO

Conselho Editorial: Luiz Francisco de A. Salgado
Luiz Carlos Dourado
Darcio Sayad Maia
Lucila Mara Sbrana Sciotti
Luís Américo Tousi Botelho

Gerente/Publisher: Luís Américo Tousi Botelho
Coordenação Editorial: Verônica Pirani de Oliveira
Prospecção: Dolores Crisci Manzano
Administrativo: Marina P. Alves
Comercial: Aldair Novais Pereira

Acompanhamento Técnico-pedagógico: Valéria Delgado
Supervisão Editorial: Marcia Capella
Pesquisa e Desenvolvimento de Conteúdo: Paulo de Tarso Fulco
Desenho Técnico: Rosa Lúcia de Almeida Silva
Ilustração: Vivian Moraes Machado
Projeto Gráfico, Diagramação e Capa: Olivia Ferreira e Pedro Garavaglia
Revisão: Elisa Sankuevitz
Coordenação de E-books: Rodolfo Santana
Coordenação de Revisão de Texto: Marcelo Nardeli
Impressão e Acabamento: Gráfica CS

Proibida a reprodução sem autorização expressa.
Todos os direitos reservados à:
Editora Senac São Paulo
Av. Engenheiro Eusébio Stevaux, 823 – Prédio Editora – Jurubatuba
CEP 04696-000 – São Paulo – SP
Tel. (11) 2187-4450
editora@sp.senac.br
https://www.editorasenacsp.com.br

© Editora Senac São Paulo, 2017

Dados Internacionais de Catalogação na Publicação (CIP)
(Jeane Passos de Souza — CRB 8ª/6189)

SENAC. Departamento Nacional.
  Modelagem plana masculina / Departamento Nacional do Serviço Nacional de Aprendizagem Comercial. — São Paulo : Editora Senac São Paulo, 2017.

Bibliografia
ISBN 978-85-396-1308-3

  1. Moldes e desenhos masculinos 2. Modelagem masculina: Moda 3. Vestuário: Moldes masculinos I. Título.

17-585s

CDD-391.1
646.4
BISAC CRA009000

Índices para catálogo sistemático:
1. Moda : Moldes masculinos   391.1
2. Vestuário : Moldes masculinos   646.4

NOTA DO EDITOR

Homens modernos "malham", praticam esportes, procuram manter-se em forma durante toda a vida. O resultado desse comportamento é um corpo mais saudável e com medidas diferentes daquelas que possuíam os homens de 20 anos atrás. De um modo geral os ombros estão mais largos, o abdome mais definido, os quadris mais estreitos, os braços e as pernas mais torneados.

A alteração não se fez sentir apenas no corpo, mas igualmente no modo de vestir. Esse homem é também vaidoso e quer encontrar roupas que o valorizem, deixando-o elegante e confortável ao mesmo tempo.

Como é de se esperar, o mercado da moda masculina oferece grande variedade de modelos para cada estilo, seja ele executivo, casual, esportivo etc. Entretanto, se os estilos são muitos e se manifestam em diferentes segmentos, o mesmo não se pode dizer da modelagem, que continua sendo a mesma há muito tempo. Para as confecções, aí está um grande problema: como criar para o novo consumidor com base em uma modelagem antiga?

Com a finalidade de preencher essa lacuna do mercado, o Centro de Moda do Senac Rio criou, a partir de pesquisas realizadas no Brasil e no exterior, uma ferramenta inédita e exclusiva para a formação de referências metodológicas em modelagem brasileira.

Modelagem plana masculina é mais um livro publicado pelo Senac São Paulo com o objetivo de divulgar essa ferramenta. Foi desenvolvido por Paulo de Tarso Fulco, que cursou arquitetura, é professor do Centro de Moda do Senac Rio e do Cetiqt – Centro de Tecnologia da Indústria Química e Têxtil do Senai, e também trabalha como modelista para importantes confecções do Rio de Janeiro.

SUMÁRIO

O que é modelagem plana 7

Tabela de medidas 11

Base do corpo 17

Base da manga 25

Camisa social 31

Camisa esporte 59

Base da calça 79

Calça social 87

Calça esporte 109

Calça com elástico 129

Bibliografia 141

O QUE É MODELAGEM PLANA

Etapa fundamental para que um belo desenho venha de fato a se transformar em uma roupa com corte e caimento perfeitos, a modelagem plana é o método de criar em papel – e transferir desse para o tecido – os moldes que serão usados na confecção de qualquer vestimenta.

Ele tanto pode ser usado para a confecção de uma só peça quanto para grandes quantidades, sendo, por isso, o sistema praticado pelas indústrias para alimentar a sempre crescente demanda do mercado da moda *prêt-à-porter.*

Quando usado em escala industrial, o método da modelagem plana precisa apoiar-se em um padrão que se adapte ao maior número possível de consumidores. Esse padrão é obtido por meio de uma tabela de medidas, que reflete a média entre indivíduos de manequins variados. E importante observar que a numeração das roupas masculinas não segue um único padrão para todos os tipos de peças, como acontece na confecção de roupas femininas. No segmento masculino o padrão é outro, conforme explicamos no capítulo Tabela de Medidas.

Para que se tenha uma ideia geral dos passos necessários à realização do método, apresentamos a seguir uma breve explicação de todas as etapas, usando como exemplo a modelagem plana da manga de uma camisa social.

Etapas da modelagem plana da manga de uma camisa social

1 Traçado das bases

A partir do desenho criado pelo estilista, usa-se a tabela de medidas para fazer as bases para modelagem. As bases correspondem a uma "segunda pele", isto é, possuem exatamente as medidas do corpo, e não permitiriam nenhum movimento, caso fossem usadas como moldes.

Figura 1

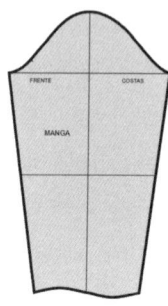

2 Interpretação

Utilizando as bases, faz-se a modelagem, acrescentando folgas, comprimento e detalhes (bolsos, palas, pences, pregas etc.).

Figura 2

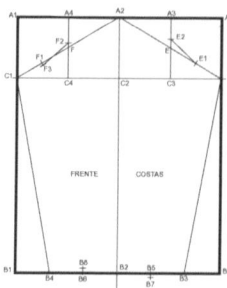

3 Finalização

Nesta fase, acrescenta-se a cada um dos moldes margens para costuras e bainhas, colocando todas as informações necessárias (piques de marcações, linha do fio do tecido etc.). Isso é importante para orientar as pessoas que vão cortar a roupa.

Figura 3

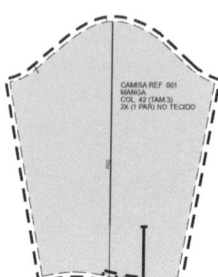

4 Corte e montagem do protótipo

Feita a modelagem completa, é necessário que ela seja posta à prova. E a hora da realização do protótipo, ou peça-piloto, para o qual se utiliza um modelo de prova, uma pessoa que tenha medidas semelhantes às que serviram de base para a modelagem. Caso seja aprovada, a peça-piloto vai servir como padrão para a produção. Caso precise de correções, serão feitos acertos na modelagem e cortada nova peça-piloto. E assim sucessivamente até não haver mais correções a fazer.

Figura 4

5 Graduação dos moldes

Com a peça-piloto aprovada, são feitas as graduações para todos os tamanhos de manequins.

Figura 5

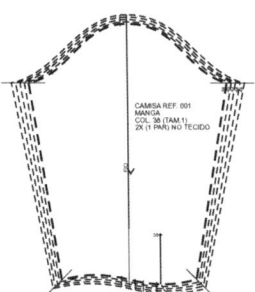

6 Elaboração do desenho técnico

Este é um importante instrumento para representação e interpretação das peças do vestuário. E o meio de comunicação entre estilista e modelista, bem como para a produção de peças em larga escala e seu controle de qualidade.

O desenho técnico deve ter o mesmo detalhamento de um molde e exige conhecimentos específicos para ser executado.

Figura 6

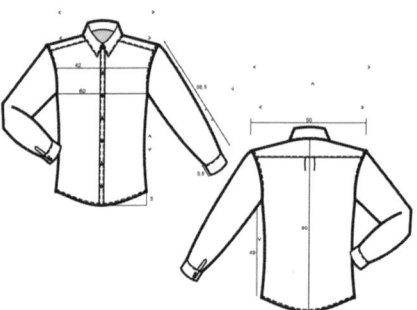

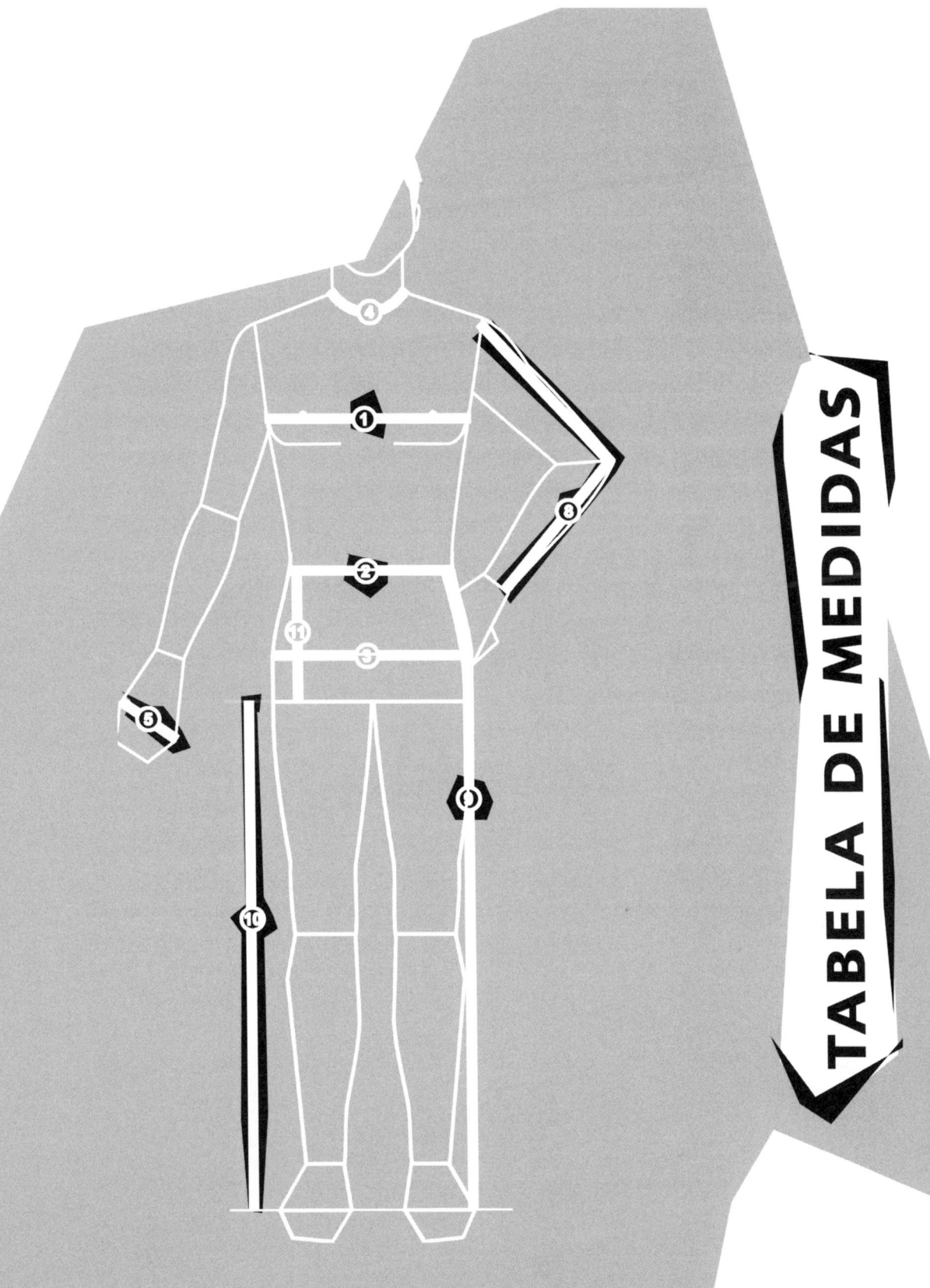

TABELA DE MEDIDAS

Mesmo sendo muito difícil encontrar uma só pessoa com todas as medidas iguais às da tabela, não há outra maneira de se trabalhar em escala industrial. É necessário estabelecer um padrão e é por esse motivo que encontramos diferentes medidas de país para país ou até para diferentes regiões de um mesmo país. Além disso, pode haver variações nas tabelas para diferentes faixas etárias. O corpo de um adolescente e o de um senhor de meia-idade, por exemplo, apresentam consideráveis diferenças.

É importante observar também que a numeração das roupas masculinas não segue um único padrão para todos os tipos de peças como acontece com as roupas femininas. No segmento feminino os tamanhos indicados nas etiquetas (38, 40, 42 etc.) são usados tanto para calça como para vestido ou casaco. No segmento masculino a camisa social tem a numeração baseada na medida do colarinho (38, 39, 40 etc.). A camisa esporte tem o contorno do peito como medida principal e é feita uma correspondência com a numeração (0, 1, 2, 3 etc.). Na calça a medida de tabela da cintura dividida por dois corresponde ao tamanho indicado na etiqueta (38, 40, 42 etc.). O paletó é numerado com a medida de tabela do contorno do peito dividida por dois (48, 50, 52 etc.).

Veja a seguir como tomar essas medidas utilizando uma fita métrica:

1 Tórax (peito)
Medida de contorno do corpo na altura dos mamilos. Medida utilizada como referência para o tamanho de camisa esporte e paletó.

2 Cintura
Medida de contorno na altura da cintura. A altura da cintura masculina é tomada na altura do umbigo. Fica aproximadamente 2 cm abaixo da cintura natural do corpo, utilizada na modelagem feminina. A medida da cintura dividida por dois determina o tamanho da calça.

3 Quadril
Medida de contorno na altura onde o quadril é mais saliente. Geralmente 18 cm abaixo da cintura.

4 Pescoço (colarinho)
Medida de contorno na base do pescoço. Determina a numeração da camisa social.

5 Punho (mão)
Medida utilizada para o traçado da base da manga. Corresponde à medida do contorno da mão ao invés do punho (pulso) propriamente dito. A medida é tirada na parte mais larga

da mão com os dedos esticados e o polegar encostado à palma. Dessa forma obtemos a medida mínima que a boca da manga precisa ter para vestir sem a necessidade de qualquer abertura.

6 Altura das costas
Medida de altura, no centro das costas, entre a base do pescoço (sétima vértebra) e a linha da cintura.

7 Largura das costas
Distância entre as cavas nas costas tomada numa altura correspondente à metade da altura entre o ombro e a dobra da axila. A medida deve ser tirada com os braços cruzados na frente.

8 Comprimento da manga
Distância entre o ombro e o pulso tomada com o braço dobrado num ângulo de 90º.

9 Comprimento da calça
Distância entre a linha da cintura e o chão, tomada pela lateral com a pessoa descalça.

10 Altura da entreperna
Distância entre a virilha e o chão. Posicionar uma régua encostada à virilha, paralela ao chão. Medir a distância entre a régua e o chão.

11 Altura do gancho
É a diferença entre a medida 9 (comprimento da calça) e a medida 10 (altura da entreperna).

12 Altura do joelho
É a distância entre a linha da cintura e a linha do joelho, tomada pela lateral.

O CORPO MASCULINO E SUAS MEDIDAS

Legendas

1 **tórax**

2 **cintura**

3 **quadril**

4 **colarinho**

5 **punho**

6 **altura das costas**

7 **largura das costas**

8 **comprimento da manga**

9 **comprimento da calça**

10 **altura da entreperna**

11 **altura do gancho**

12 **altura do joelho**

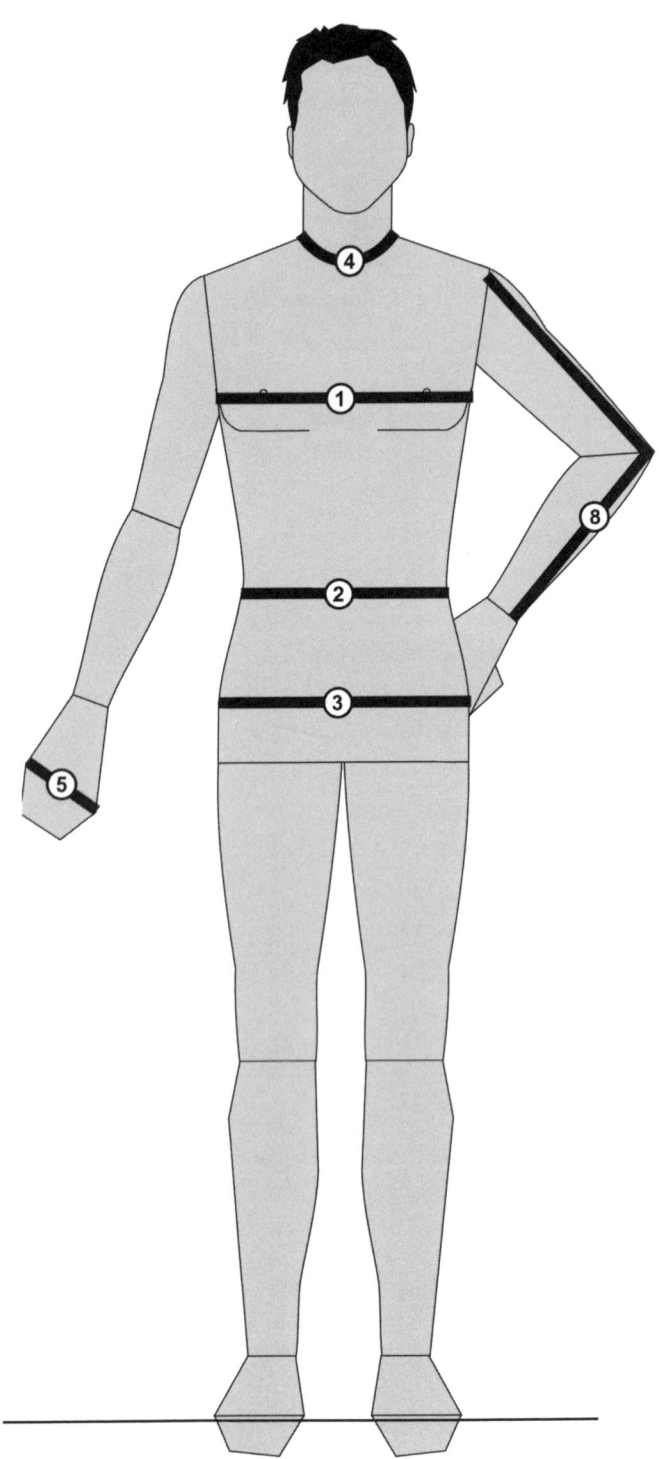

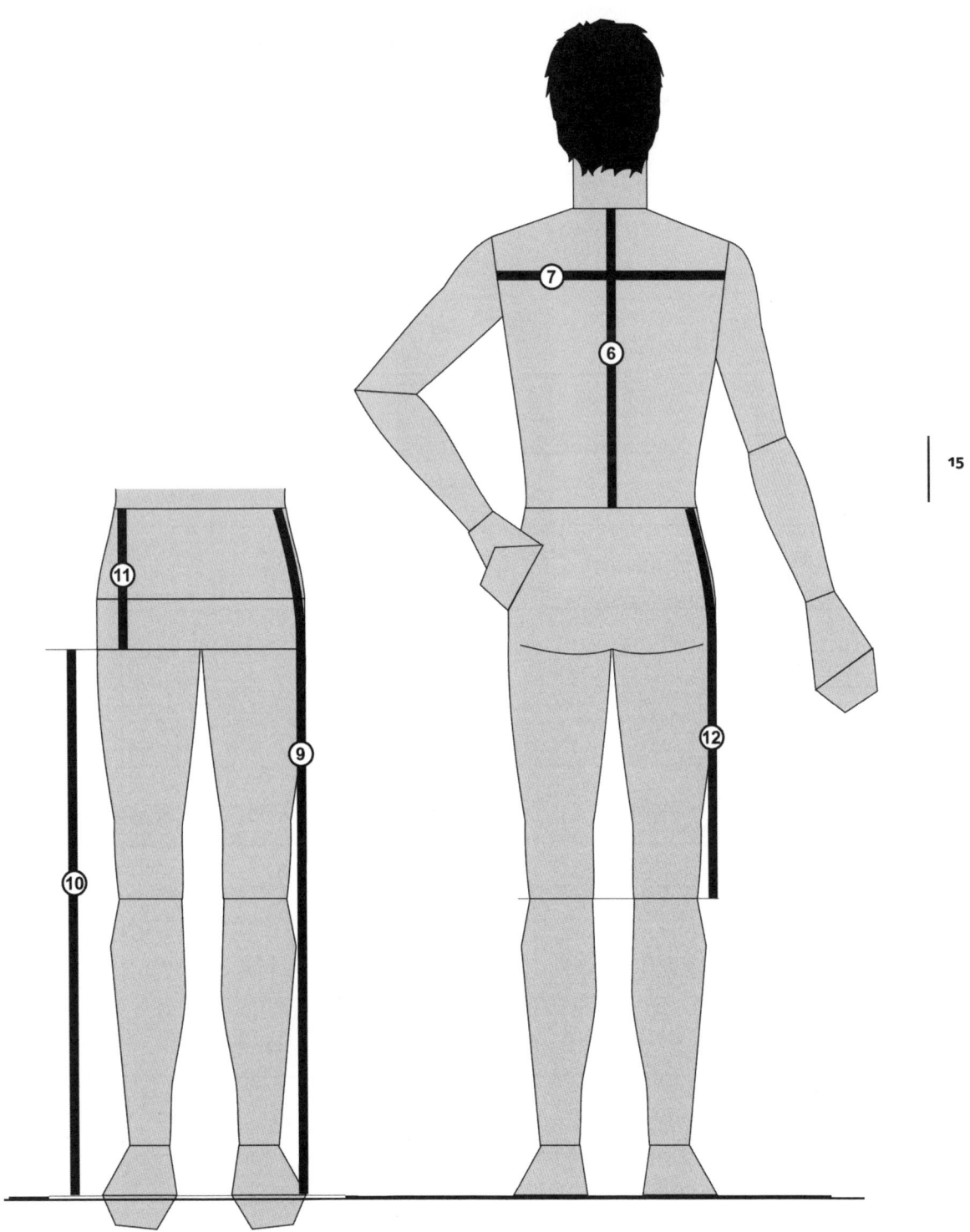

Tabela	TAMANHO INDICADO NA ETIQUETA					
CAMISA SOCIAL (COLARINHO)	36	38	40	42	44	46
CAMISA ESPORTE (TAMANHO)	0	1	2	3	4	5
CALÇA (TAMANHO/CINTURA)	36	38	40	42	44	46
1. TÓRAX (PEITO)	88	92	96	100	104	108
2. CINTURA	72	76	80	84	88	92
3. QUADRIL	88	92	96	100	104	108
4. PESCOÇO (COLARINHO)	36	38	40	42	44	46
5. PUNHO (MÃO)	21	22	23	24	25	26
6. ALTURA DAS COSTAS	44,5	45	45,5	46	46,5	47
7. LARGURA DAS COSTAS	39	40	41	42	43	44
8. COMPRIMENTO DA MANGA	60,5	61	61,5	62	62,5	63
9. COMPRIMENTO DA CALÇA	107	108	109	110	111	112
10. ALTURA DA ENTREPERNA	84,25	84,5	84,75	85	85,25	85,5
11. ALTURA DO GANCHO	22,75	23,5	24,25	25	25,75	26,5
12. ALTURA DO JOELHO	61,5	62	62,5	63	63,5	64

MEDIDAS TOMADAS NO CORPO

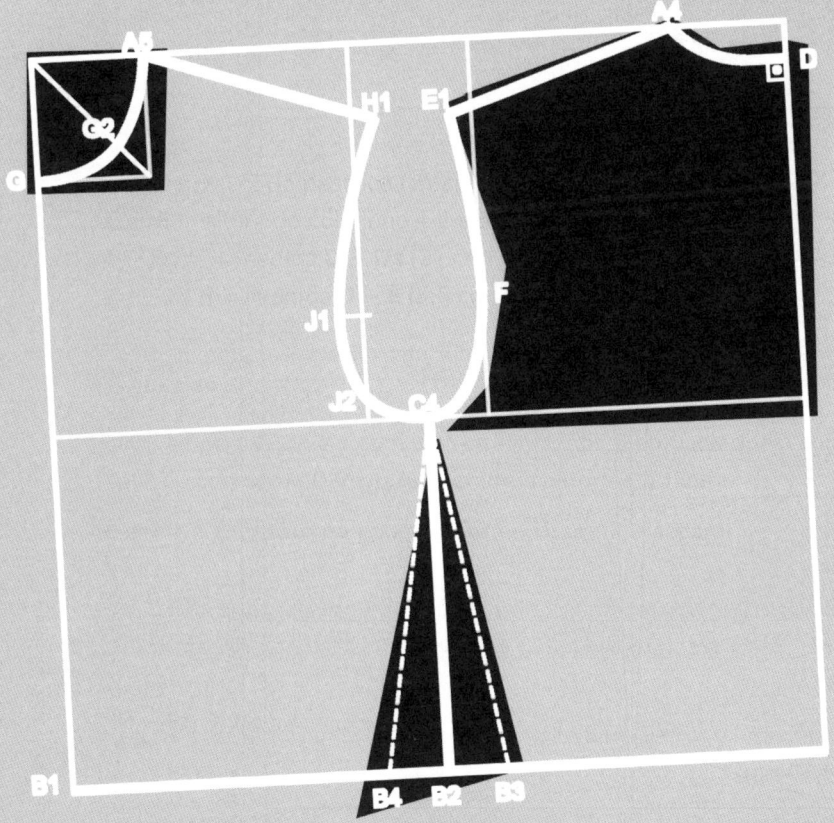

BASE DO CORPO

O traçado da base do corpo representa economia de tempo e de trabalho, uma vez que a maioria das peças é feita a partir dele. Por reproduzirem o tamanho exato do corpo, as bases permitem que sejam criadas diversas alterações, como folgas, recortes, pences etc. Mas atenção: a base do corpo não é ainda a modelagem. É o início do processo.

Neste livro vamos apresentar três bases principais: da parte superior do corpo, da manga e da calça.

A seguir, apresentamos a sequência para o traçado de uma base do corpo ajustada, até a cintura, para ser utilizada como ponto de partida na execução de vestimentas para a parte de cima, isto é, camisas, coletes, jaquetas etc. A medida padrão é tórax 100.

Para facilitar os cálculos, vamos utilizar no traçado as medidas de tórax e cintura divididas por 2, que chamaremos de semitórax e semicintura, respectivamente.

Traçado da base do corpo

Semitórax = 50 cm

Semicintura = 42 cm

Pescoço = 42 cm

Altura das costas = 46 cm

Importante: As medidas que aparecem escritas entre parênteses correspondem ao semitórax 50. As demais medidas, que não estão entre parênteses, servem para todos os tamanhos da tabela.

Traçar o retângulo base com largura igual ao semitórax (50 cm) e altura igual à altura das costas mais 2,5 cm (48,5 cm).

Figura 1

A – **A1** ← semitórax (50 cm)
A – **B** ↓ altura das costas + 2,5 cm (48,5 cm)
B – **B1** ← = medida **A** – **A1** (50 cm)
A1 – **B1** ↓ = medida **A** – **B** (48,5 cm)

Figura 2

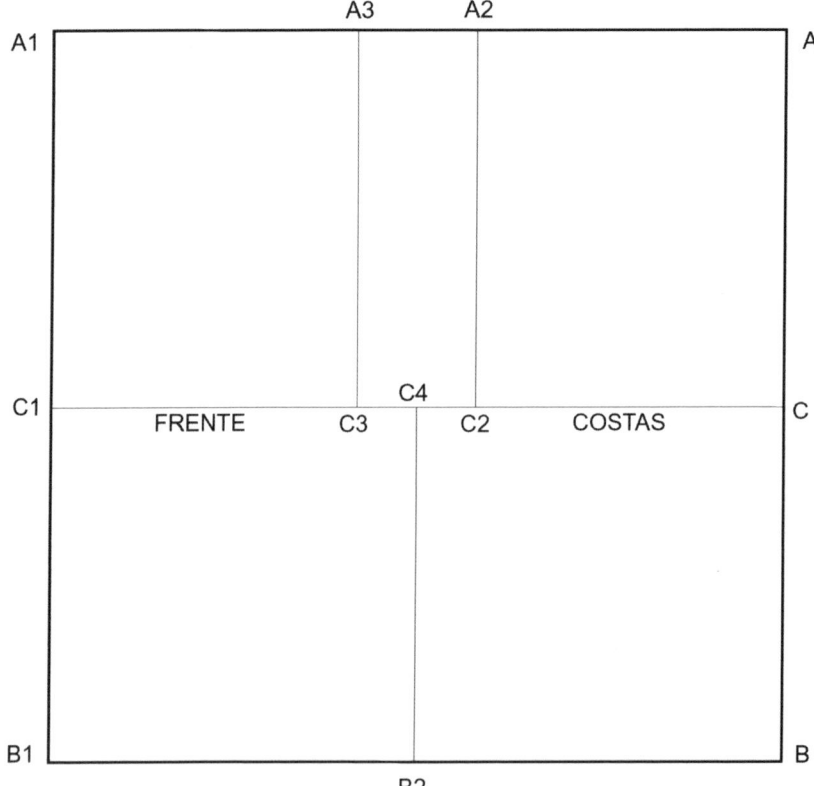

A – C ↓ 1/4 do semitórax + 12,5 cm (25 cm)
A1 – C1 ↓ = medida **A – C** (25 cm)
A – A2 ← 1/4 do semitórax + 8,5 cm (21 cm)
C – C2 ← = medida **A – A2** (21 cm)
A1 – A3 → = medida **A – A2** (21 cm)
C1 – C3 → = medida **A – A2** (21 cm)
B – B2 ← 1/2 da medida **B – B1** (25 cm)
C – C4 ← = medida **B – B2** (25 cm)

Figura 3

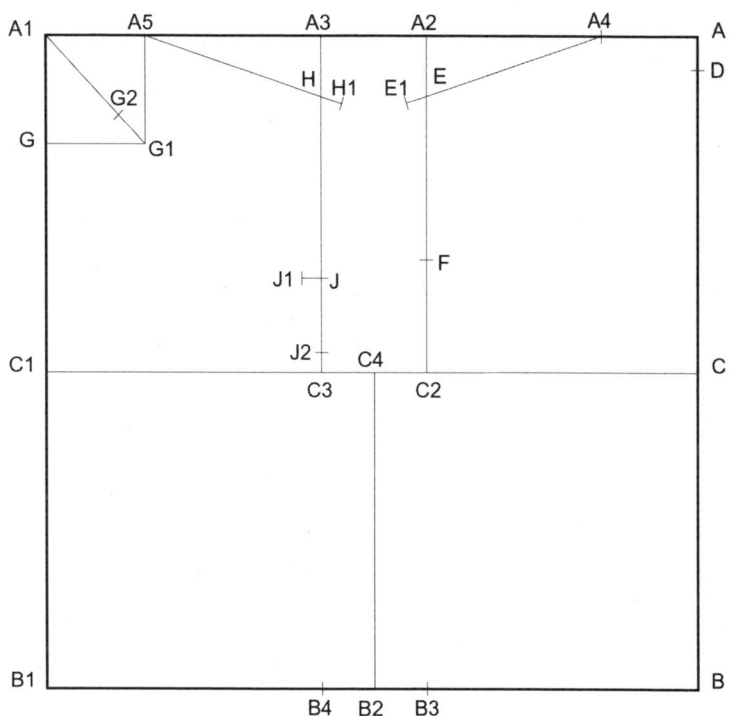

A – D ↓ 2,5 cm
A – A4 ← 1/4 do pescoço – 3,0 cm (7,5 cm)
A2 – E ↓ 4,5 cm

Ligar **A4** e **E**, em linha reta, prolongando.

E – E1 ↙ 1,5 cm
C2 – F ↑ 1/6 do semitórax (8,3 cm)
A1 – A5 → = medida A – A4 (7,5 cm)
A1 – G ↓ 1/4 do pescoço – 2,5 cm (8 cm)
G – G1 → + medida A1 – A5 (7,5 cm)

Ligar **G1** e **A1** com um segmento de reta.

G1 – G2 ↖ 3,0 cm
A3 – H ↓ 4,5 cm

Ligar **A5** e **H**, em linha reta, prolongando.

H – H1 ↘ 1,5 cm
C3 – J ↑ 1/3 da medida C4 – H (+ 7 cm)
J – J1 ← 1,5 cm
C3 – J2 ↑ 1,5 cm
B – B3 ← 1/2 da semicintura (21 cm)
B1 – B4 → 1/2 da semicintura (21 cm)

Figura 4

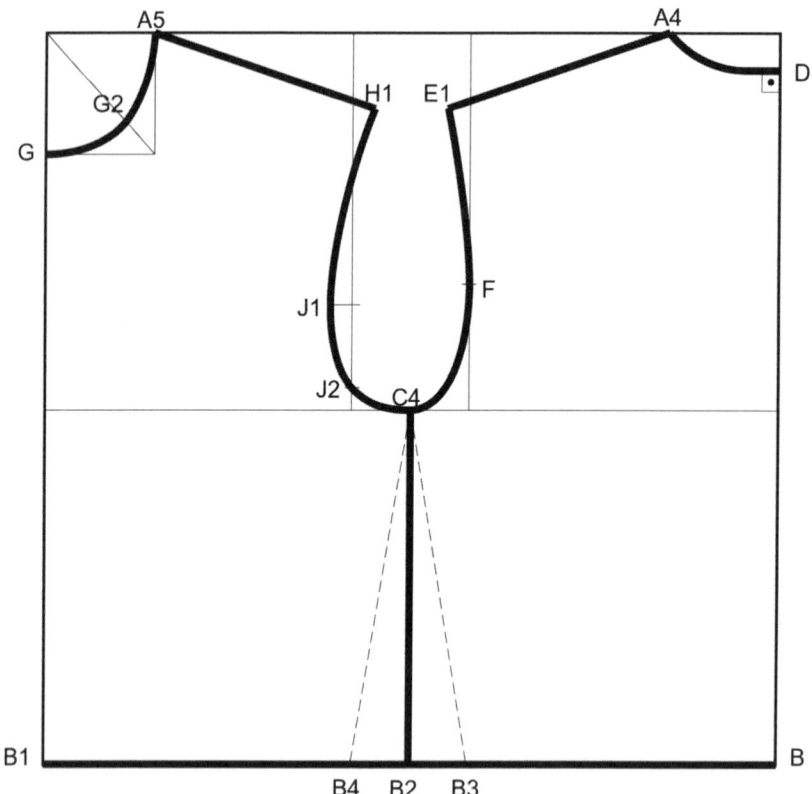

Ligar o ponto **A4** ao ponto **D**, em curva, conforme Figura 4, definindo o contorno do degolo na parte das costas. O final da curva deve formar um ângulo reto no ponto **D**.

Ligar os pontos **A5**, **G2** e **G**, em curva, conforme a Figura 4, definindo o contorno do degolo na parte da frente.

Ligar os pontos **E1**, **F**, **C4**, **J2**, **J1** e **H1**, conforme a Figura 4, definindo o contorno da cava. A união das curvas das cavas da frente e das costas não deve formar ângulo no ponto **C4**.

Figura 5

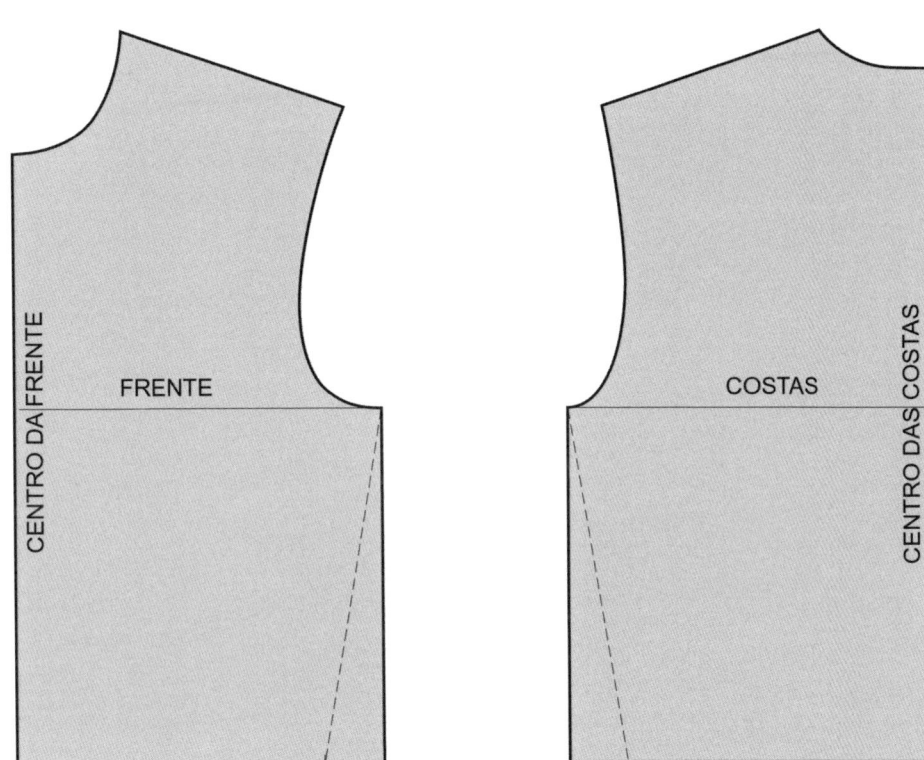

Separar as partes da frente e das costas da base do corpo, conforme a Figura 5.

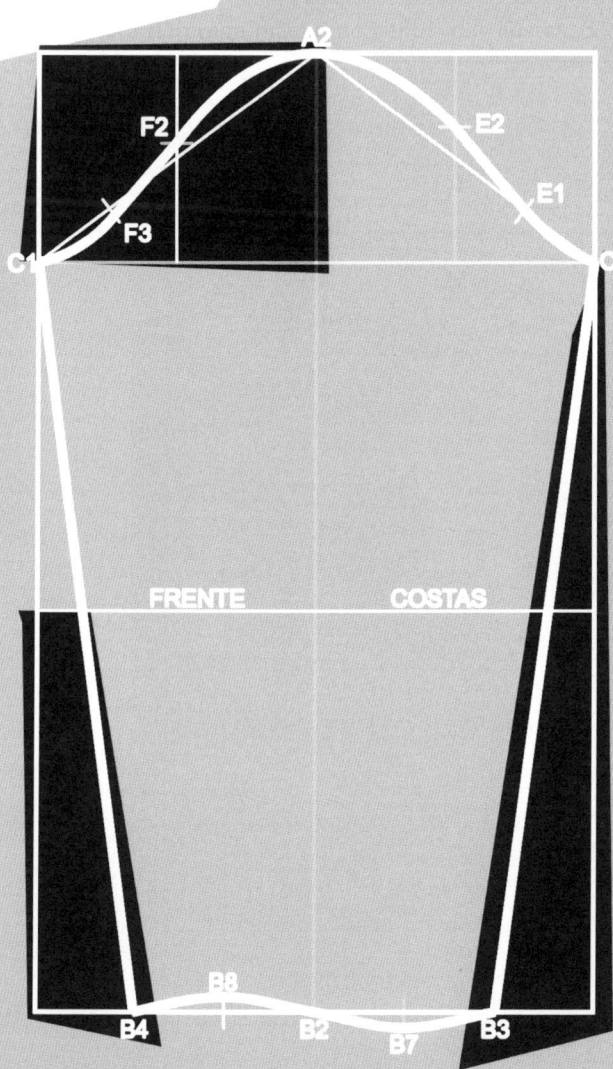

BASE DA MANGA

O traçado da manga é feito a partir da medida do contorno da cava. No traçado da base do corpo, apresentado anteriormente, o contorno da cava fica em torno de 46,0 cm. A seguir, a sequência do traçado de uma manga básica.

Traçado da base da manga

Contorno da cava = 46 cm

Comprimento da manga = 62 cm

Punho (mão) = 24 cm

Traçar o retângulo base com largura igual a 3/4 do contorno da cava (37 cm) e altura igual ao comprimento da manga (62 cm).

Figura 1

A – A1 ← 3/4 do contorno da cava + 2,5 cm (37 cm)
A – B ↓ comprimento da manga (62 cm)
B – B1 ← = medida **A – A1** (37 cm)
A1 – B1 ↓ = medida **A – B** (62 cm)
A – C ↓ 1/4 do contorno da cava + 2 cm (13,5 cm)
A1 – C1 ↓ = medida **A – C** (13,5 cm)
A – D ↓ 1/2 do comprimento da manga + 5 cm (36 cm)
A1 – D1 ↓ = medida **A – D** (36 cm)

Figura 2

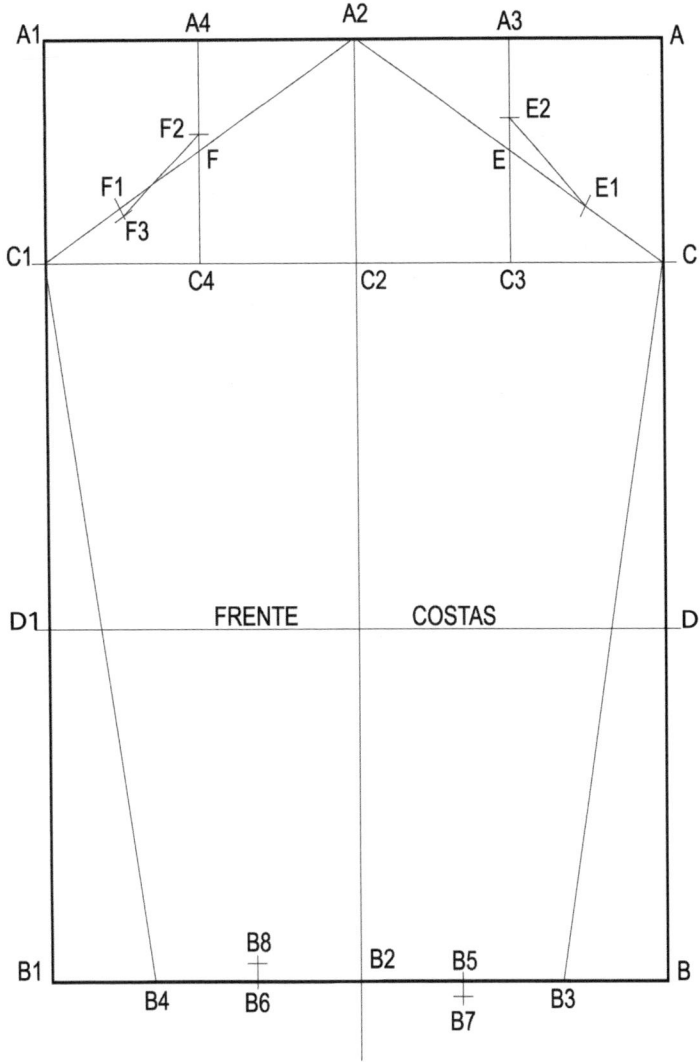

A – A2 ← 1/2 da medida **A – A1** (18,5 cm)
B – B2 ← = medida **A – A2** (18,5 cm)

Ligar o ponto **A2** aos pontos **C** e **C1** com segmentos de retas.

A – A3 ← 1/2 da medida **A – A2** (9,25 cm)
C – C3 ← = medida **A – A3** (9,25 cm)
A1 – A4 → 1/2 da medida **A1 – A2** (9,25 cm)
C1 – C4 → = medida **A1 – A4** (9,25 cm)

Ligar os pontos **A3** a **C3** e **A4** a **C4**, com segmentos de retas e determinar os pontos **E** e **F**, respectivamente, conforme Figura 2.

E – E1 ↘ 1/2 da medida **E – C**
E – E2 ↑ 2,0 cm

Ligar os pontos **E1** e **E2** com um segmento de reta.

F – F1 ↙ 1/2 da medida **F – C1**
F – F2 ↑ 1,0 cm
F1 – F3 ↘ 0,5 cm

Ligar os pontos **F2** e **F3** com um segmento de reta.

B2 – B3 → 1/2 do punho (12 cm)
B2 – B4 ← 1/2 do punho (12 cm)

Ligar os pontos **C** a **B3** e **C1** a **B4** com segmentos de retas.

B2 – B5 → 1/2 da medida **B2 – B3** (6 cm)
B2 – B6 ← 1/2 da medida **B2 – B4** (6 cm)
B5 – B7 ↓ 1 cm

B6 – B8 ↑ 1 cm

Figura 3

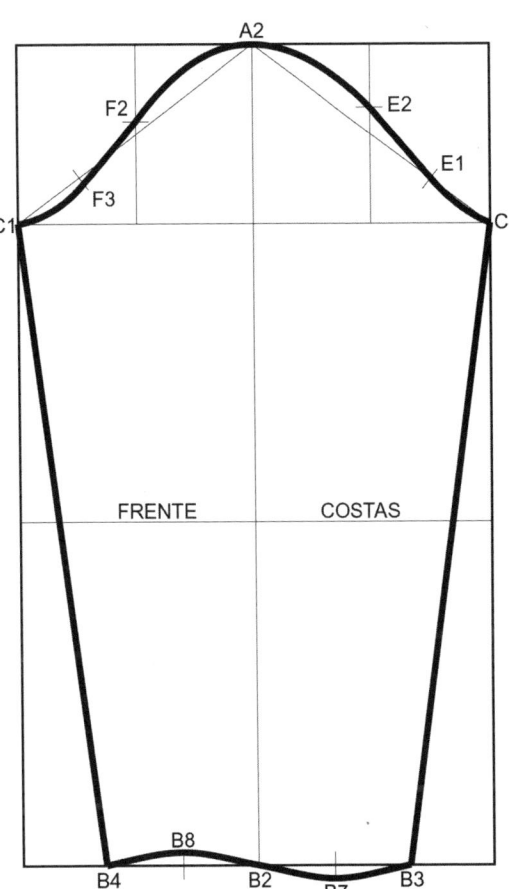

Ligar os pontos conforme Figura 3, definindo o contorno da manga.

Figura 4

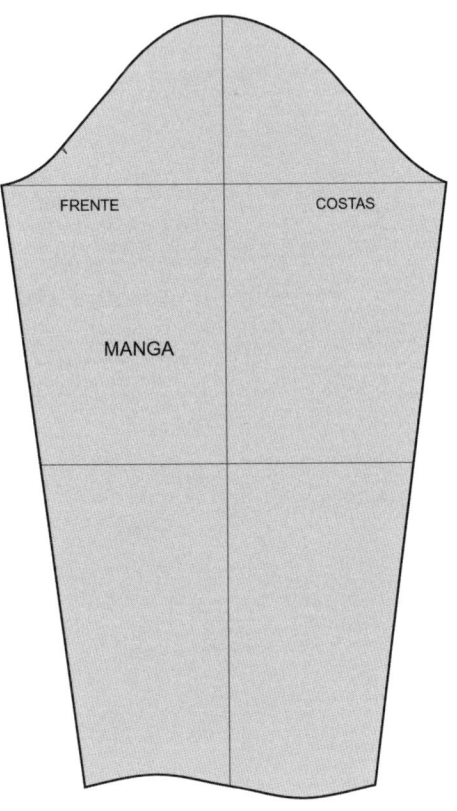

Separar a base da manga conforme Figura 4.

A seguir, para conferir, devemos medir o contorno da curva da cabeça da manga e compararmos com a medida do contorno total da cava (frente e costas) para a qual a manga foi traçada.

Geralmente a medida da manga é um pouco maior que a medida da cava. No caso das roupas masculinas, tipo camisas, essa folga deve ser bem pequena, entre 0,5 cm e 1 cm.

CAMISA SOCIAL (COLARINHO 42)

Camisa com gola tipo colarinho, pala dupla nas costas, manga longa com punho e barra arredondada (fralda).

Figura 1

INTERPRETAÇÃO A PARTIR DA BASE DO CORPO E DA MANGA

Pescoço (colarinho): 42 cm

Semitórax: 50 cm

Comprimento no centro das costas: 80 cm

Folga total no contorno do tórax: 20 cm

Transferência da costura do ombro para a frente: 3 cm

Aumento do ombro: 1,5 cm

Altura da pala no centro das costas: 6 cm

Largura do transpasse: 3,5 cm

Largura da prega macho no centro das costas: 3 cm

FRENTE E COSTAS

Figura 2

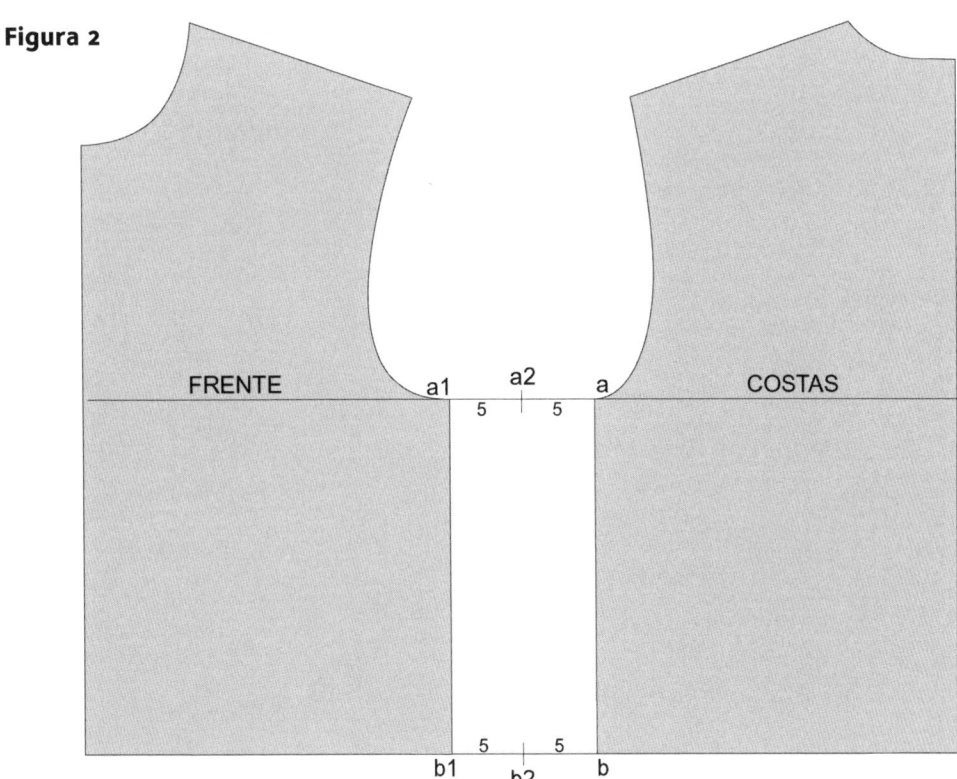

Copiar a base das costas do corpo, à direita do papel, deixando aproximadamente 5 cm de margem.

Prolongar as linhas da cava e da cintura para a esquerda, a partir da lateral nos pontos **a** e **b**.

Marcar a metade da folga desejada no tórax (10 cm).

a – a1 ← metade da folga no tórax (10 cm)
b – b1 ← = medida **a – a1** (10 cm)
Copiar a base da frente, encostando a lateral nos dois pontos marcados.
Dividir o espaço entre a frente e as costas na metade.

a – a2 ← 1/2 da medida **a – a1** (5 cm)

b – b2 ← = medida **a – a2** (5 cm)

Figura 3

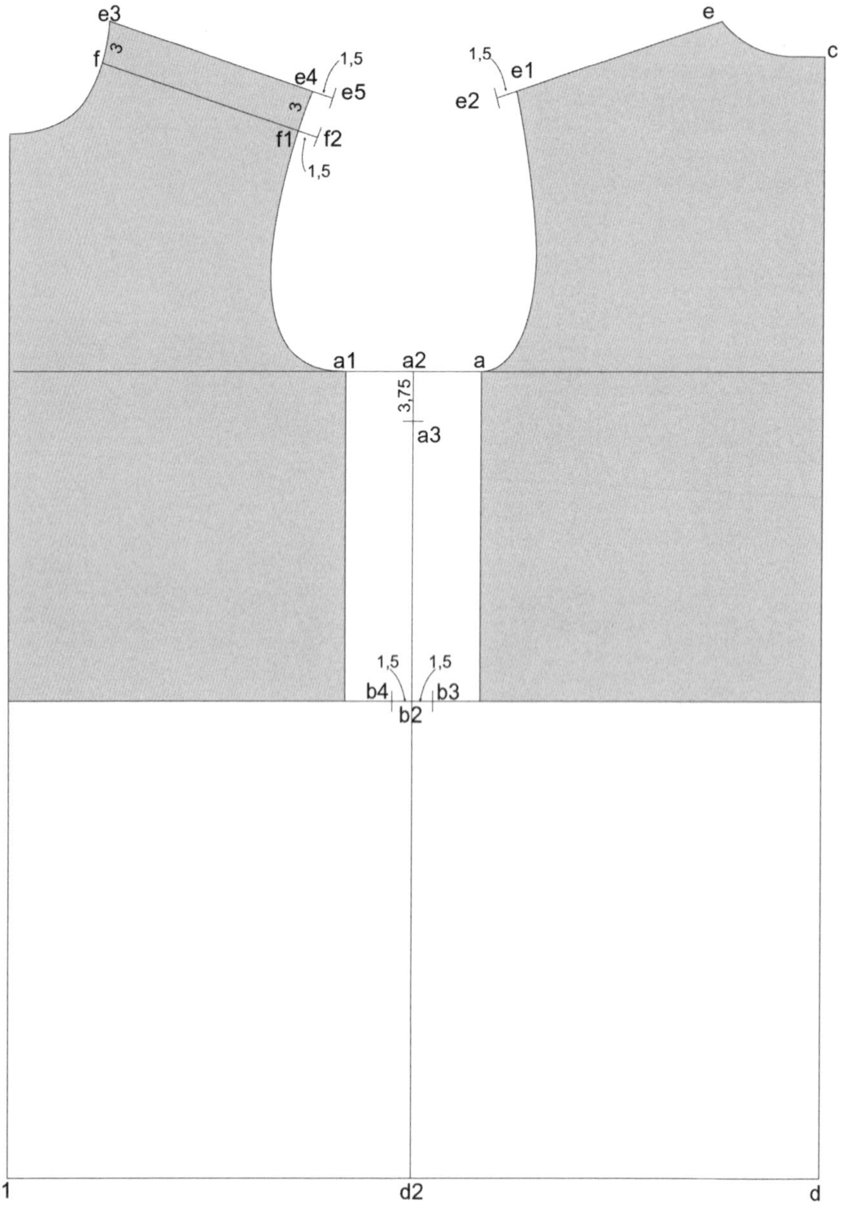

Marcar o comprimento total da camisa no centro das costas.

c – d ↓ 80 cm

Esquadrar para formar a linha da barra, conforme Figura 3, determinando os pontos **d1** e **d2** e prolongar o centro da frente até o ponto **d1**.

Prolongar a linha do ombro frente e costas dando o aumento do ombro desejado.

e1 – e2 ↙ 1,5 cm
e4 – e5 ↘ 1,5 cm

Marcar 3 cm no degolo e na cava da frente para transferir a linha do ombro para a parte da frente.

e3 – f ↙ 3 cm
e4 – f1 ↙ 3 cm

Traçar a nova linha do ombro ligando **f** e **f1** com um segmento de reta e prolongando 1,5 cm até **f2**.

Marcar o rebaixamento da cava com aproximadamente 3/4 do aumento de 5 cm dado na lateral.

a2 – a3 ↓ 3/4 da medida **a – a2** (3,75 cm)

Na linha da cintura marcar os pontos **b3** e **b4** para acinturar na lateral.

b2 – b3 → 1,5 cm
b2 – b4 ← 1,5 cm

Figura 4

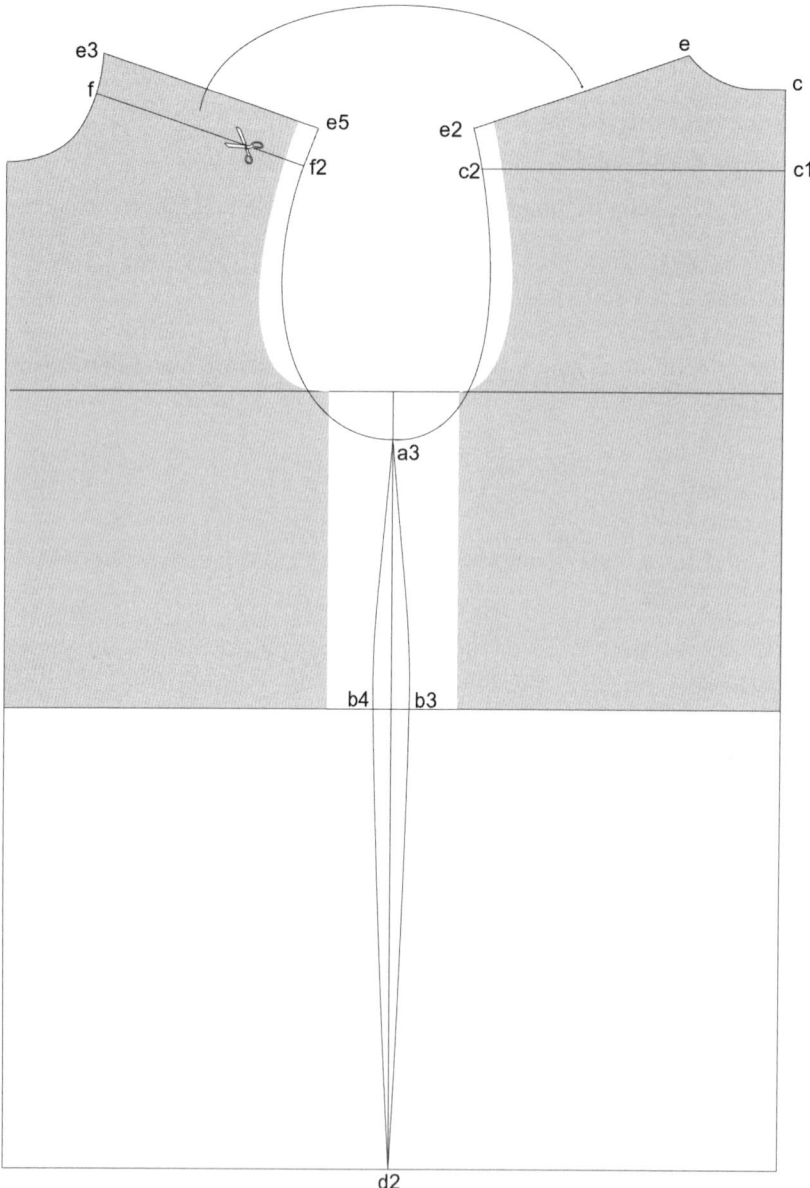

Desenhar a cava passando pelos pontos **e5**, **f2**, **a3** e **e2**, conforme Figura 4.

Marcar a altura da pala no centro das costas.

c – c1 ↓ 6 cm

Traçar uma linha horizontal, para a esquerda, a partir do ponto **c1** e determinar o ponto **c2** no encontro com a linha da cava.

Ligar os pontos **a3**, **b3** e **d2** e os pontos **a3**, **b4** e **d2** com curvas, conforme Figura 4.

Recortar a parte da frente na linha **f – f2** e unir na parte das costas, casando os pontos **e** com **e3** e **e2** com **e5**, respectivamente.

Figura 5

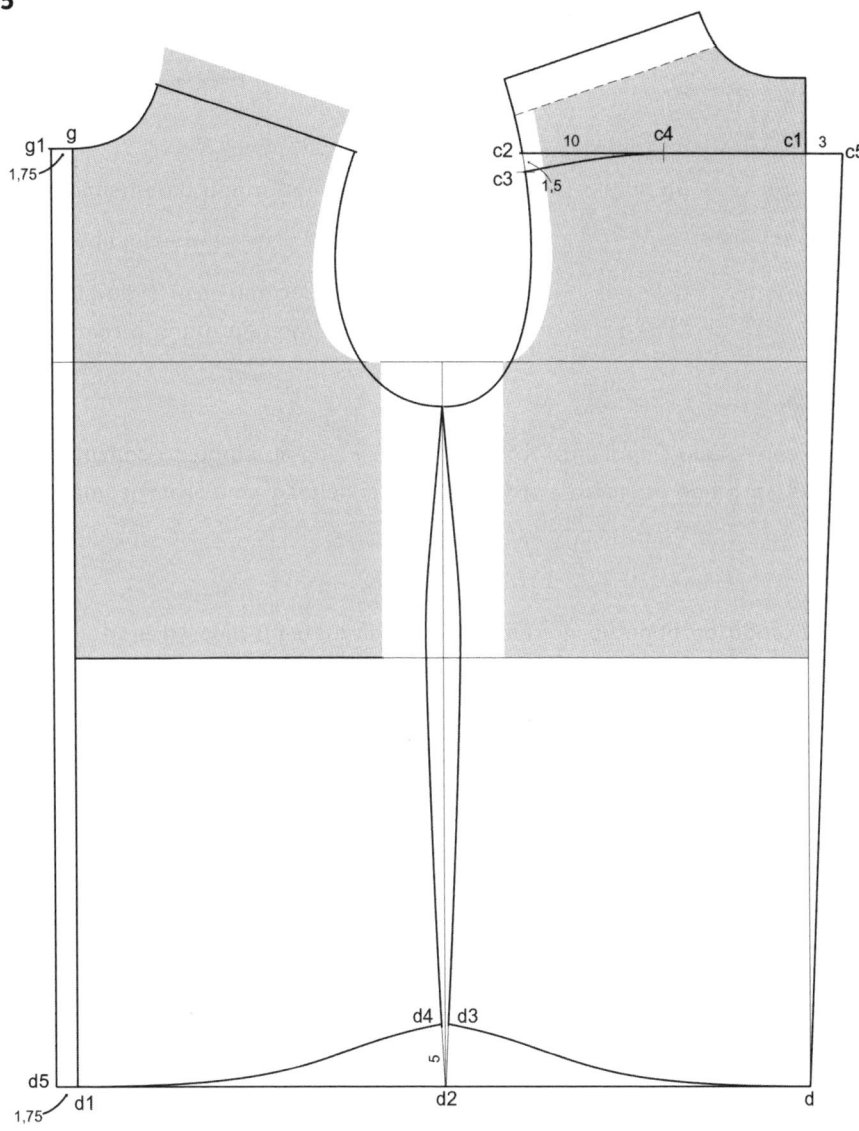

Marcar uma pence entre a pala e a parte das costas com 1,5 cm de profundidade e 10 cm de comprimento.

c2 – c3 ↘ 1,5 cm
c2 – c4 → 10 cm

Marcar o aumento para a prega do meio das costas com 3 cm de largura.

c1 – c5 → 3 cm

Ligar o ponto **c5** ao ponto **d**, com um segmento de reta, formando uma nova linha de centro das costas.

Marcar a metade da largura do transpasse no centro da frente.

g – g1 ← 1,75 cm
d1 – d5 ← 1,75 cm

Marcar o arredondamento da barra na lateral (fralda) com 5 cm.

d2 – d3 ↑ 5 cm
d2 – d4 ↑ 5 cm

Figura 6

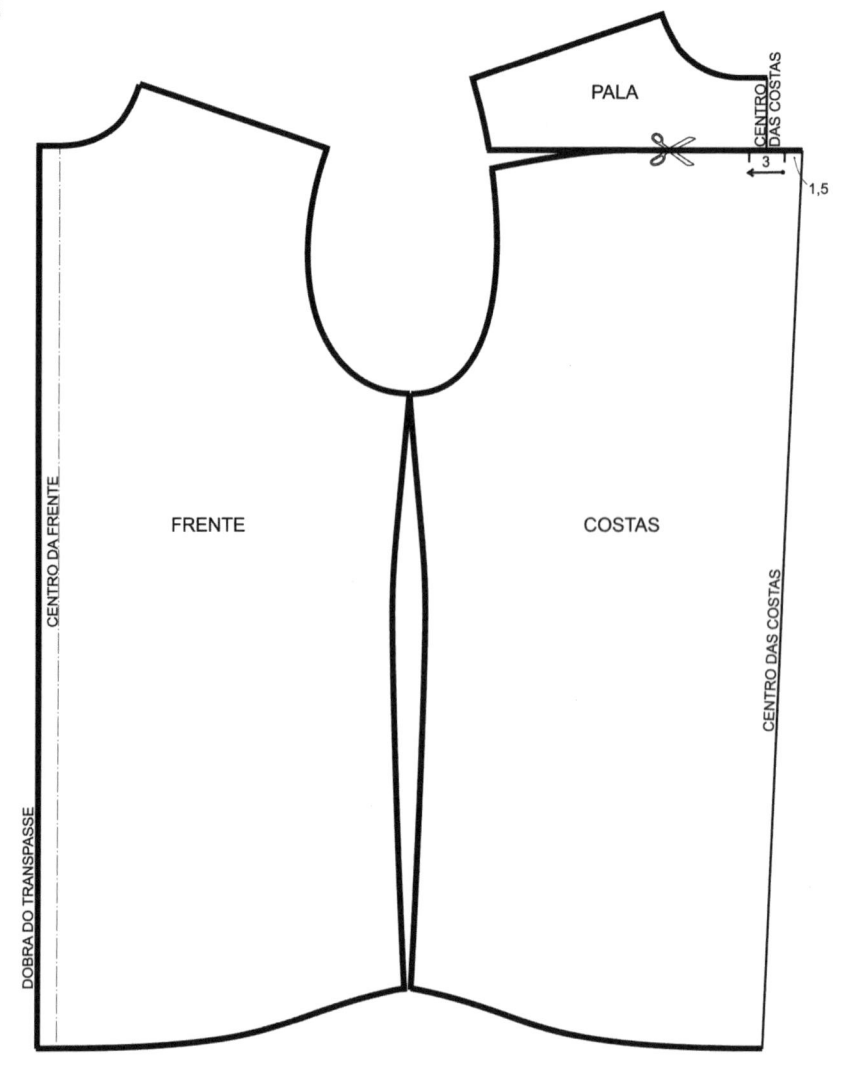

Definir o contorno das partes da frente, da pala e das costas, conforme Figura 6.

Figura 7

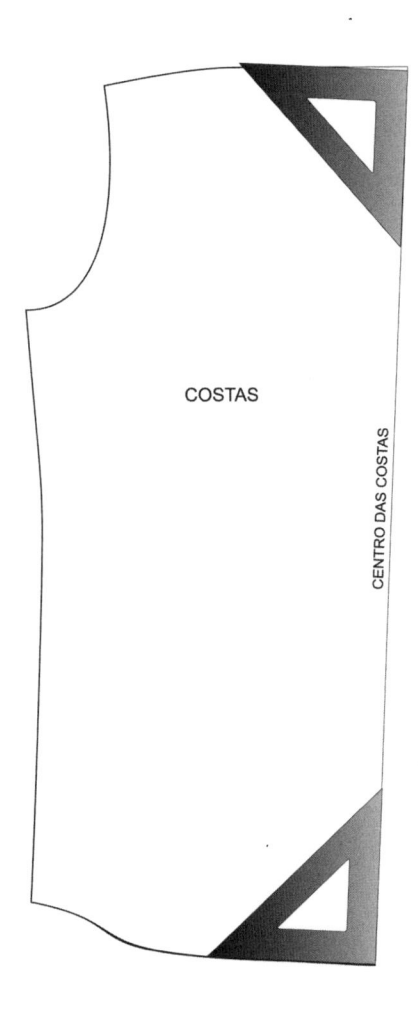

Corrigir a parte das costas, esquadrando a parte de cima e a barra com o centro das costas, conforme Figura 7.

Manga da camisa social

Deve ser feita a partir da medida do contorno da cava da camisa, utilizando a base da manga e a mesma sequência utilizada no traçado.

Medir o contorno total da cava no traçado da camisa social. Na camisa apresentada, o contorno da cava fica em torno de 53 cm.

A manga comprida da camisa social é terminada com um punho. Para possibilitar o transpasse do abotoamento do punho, existe uma fenda na manga. O acabamento da fenda é feito por uma tira de tecido denominada carcela. Geralmente existem pregas para ajustar a largura da manga à medida do punho. A largura da manga na parte de baixo corresponde a medida do punho mais a soma da profundidade das pregas da manga.

Utilizando o punho pronto com 5,5 cm de largura por 25 cm de comprimento e a manga com duas pregas com 3 cm de profundidade, cada uma, obtemos a largura de 31 cm (25 cm + 2 x 3 cm = 31 cm).

INTERPRETAÇÃO

Contorno da cava = 53 cm

Largura do punho = 5,5 cm

Comprimento do punho = 25 cm

Largura da manga na parte de baixo = 31 cm

Copiar a base da manga correspondente à base do corpo utilizada na interpretação da camisa social. Para obtermos uma manga mais ampla, vamos manter a altura da cabeça da manga básica, aumentando somente a largura.

Figura 8

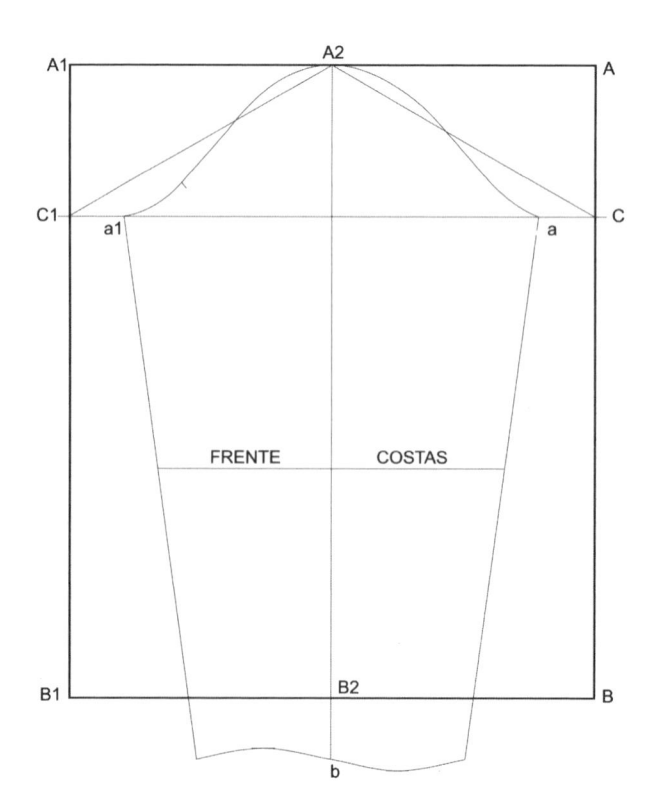

Prolongar em linha reta, conforme a Figura 8, a linha que passa nos pontos **a** e **a1**, à esquerda e à direita, respectivamente.

Marcar, na diagonal, a partir do ponto **A2** em direção ao prolongamento de **a** e **a1**, a metade da medida do contorno da cava – 0,5 cm (26 cm).

A2 – C ↘ 1/2 do contorno da cava – 0,5 cm (26 cm)
A2 – C1 ⦦ = medida **A2 – C** (26 cm)

Diminuir o comprimento da manga o correspondente à medida da largura do punho.

b – B2 ↑ largura do punho (5,5 cm)

Desenhar, conforme Figura 8, o retângulo base da manga com os lados passando pelos pontos **A2**, **C**, **B2** e **C1**. Determinar os pontos **A**, **B**, **B1** e **A1**.

Figura 9

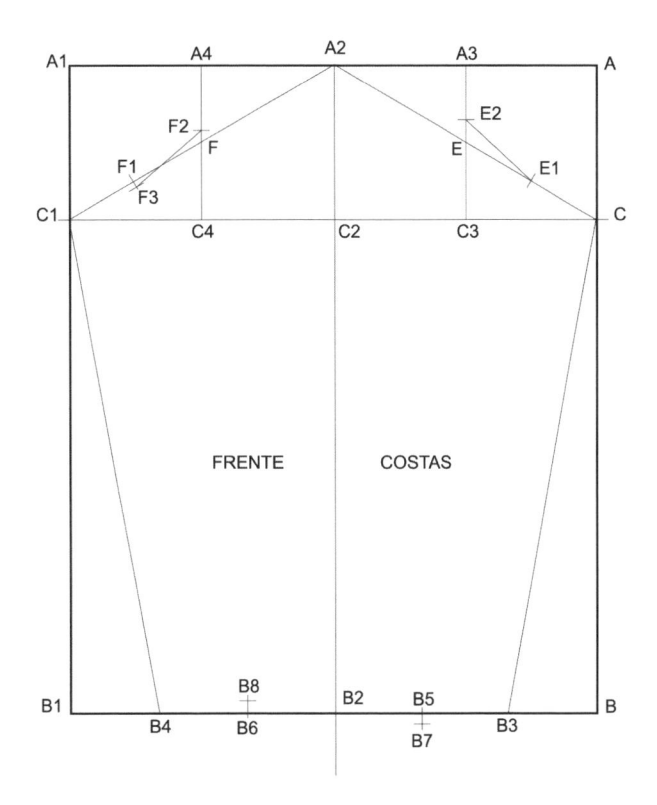

Em seguida vamos utilizar a mesma sequência de traçado da base da manga.

A medida do punho utilizada é a largura da parte de baixo da manga calculada anteriormente (31 cm).

Figura 10

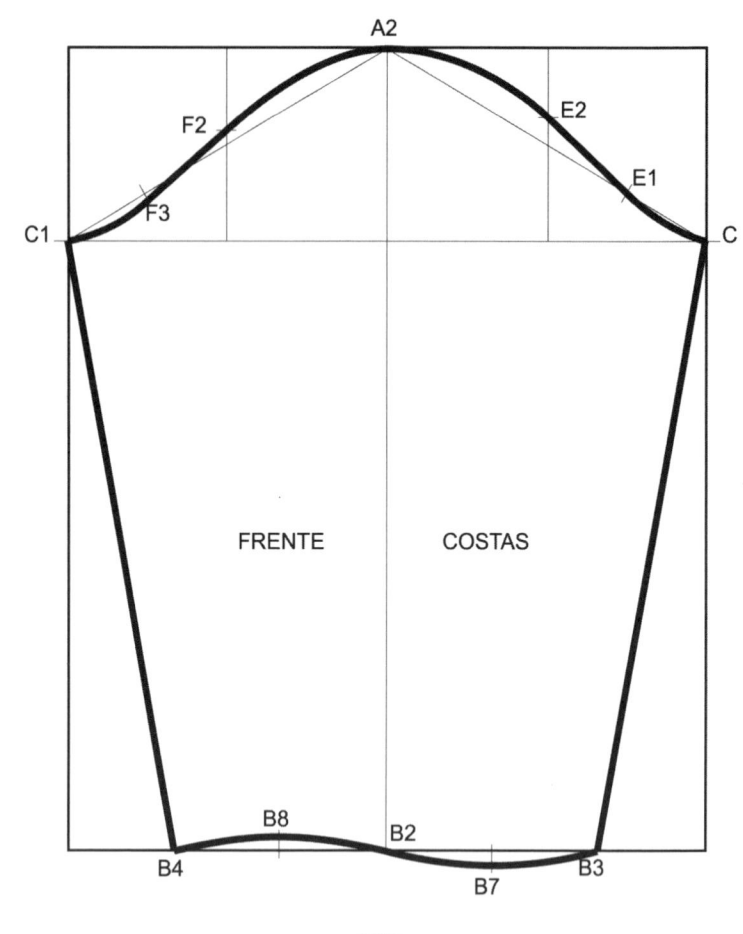

Detalhe da figura

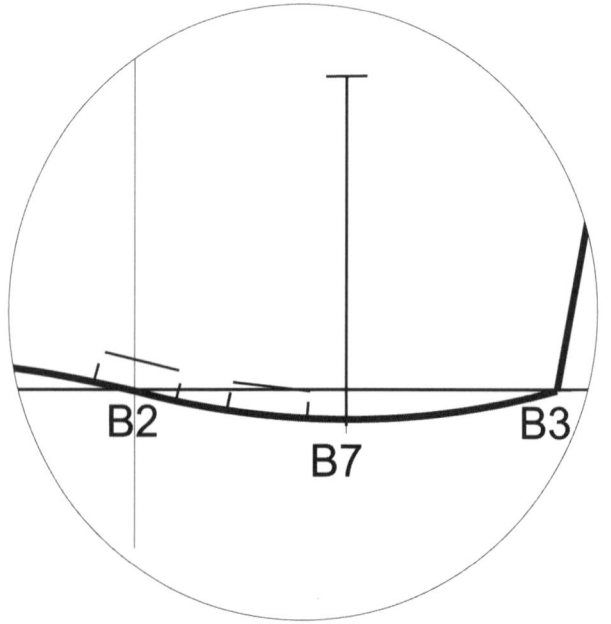

Definir o contorno da manga conforme Figura 10.

Marcar as pregas na parte de baixo da manga, com 3 cm cada uma, conforme o detalhe na Figura 10. A primeira prega é marcada com a metade (1,5 cm) para cada lado da linha do centro da manga (ponto **B2**) e a distância entre as duas pregas é de 2 cm.

A abertura da carcela é marcada no ponto B7, com um segmento de reta paralelo à linha do centro da manga, com 12 cm de comprimento.

É necessário medirmos a curva da cabeça da manga e compararmos com a medida do contorno total da cava. A folga da manga em relação à cava deve ficar entre 0,5 cm e 1 cm, conforme foi explicado no traçado da base.

Colarinho social

Para traçarmos o colarinho social utilizamos as medidas do pescoço e da altura do pé do colarinho na parte de trás. A altura do colarinho é, geralmente, a altura do pé do colarinho mais 1,5 cm.

Traçado do colarinho

Pescoço (colarinho) = 42 cm

Altura do pé do colarinho = 3 cm

Altura do colarinho = 4,5 cm

Importante: As medidas que aparecem escritas entre parênteses correspondem ao colarinho 42 (tamanho 3). As demais medidas, que não estão entre parênteses, servem para todos os tamanhos.

Inicialmente vamos traçar o pé do colarinho.

Traçar o retângulo base com largura igual à metade do pescoço + 2,5 cm (23,5 cm) e altura igual à altura do pé do colarinho + 1 cm (4 cm).

Figura 11

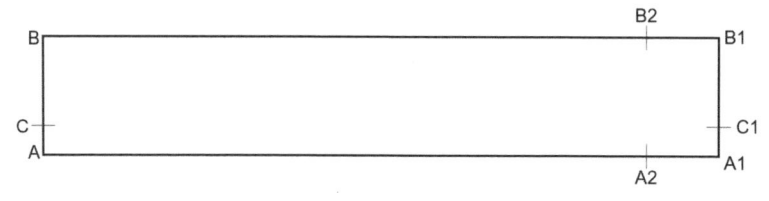

A – A1 → 1/2 do pescoço + 2,5 cm (23,5 cm)
A – B ↑ altura do pé do colarinho + 1 cm (4 cm)
B1 – B1 → = medida **A – A1** (23,5 cm)

A1 – B1 ↑ = medida **A – B** (4 cm)
A – A2 → 1/2 do pescoço (21cm)
B– B2 → = medida **A – A2** (21 cm)
A – C ↑ 1 cm
A1 – C1 ↑ 1 cm
A1 – A2 ← 2,5 cm
B1 – B2 ← 2,5 cm

Figura 12

Ligar os pontos **C** a **C1** e **A2** a **B2** com segmentos de retas.

B – B3 → 5 cm
C – C2 → 5 cm
B2 – B4 ↓ 1 cm

Figura 13

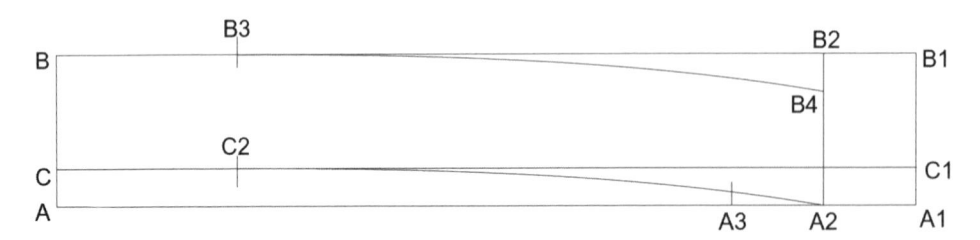

Ligar os pontos **B3** a **B4** e **C2** a **A2** com curvas paralelas, conforme Figura 13.

A2 – A3 ↖ 2,5 cm

Figura 14

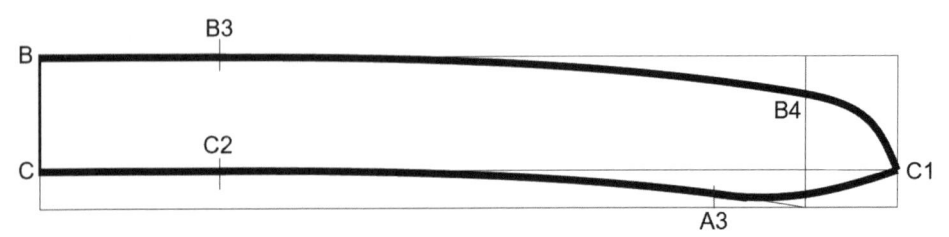

Ligar o ponto **C1** aos pontos **B4** e **A3** com curvas, conforme Figura 14.

Definir o contorno do pé do colarinho.

A seguir vamos traçar o colarinho, propriamente dito.

Traçar o retângulo base com largura igual à metade do pescoço (21 cm) e altura igual à altura do pé do colarinho + 1 cm (5,5 cm).

Figura 15

D – D1 → 1/2 do pescoço (21 cm)
D – E ↑ altura do colarinho + 1 cm (5,5 cm)
E – E1 → = medida **D – D1** (21 cm)
D1 – E1 ↑ = medida **D – E** (5,5 cm)

Figura 16

E1 – E2 → 1 cm

E2 – E3 ↑ 1 cm

Importante: O ponto **E3** determina a ponta do colarinho. Assim como a largura do colarinho, esta medida pode variar de acordo com a moda ou com o estilo de colarinho desejado. A medida aqui utilizada é apenas um exemplo.

E – E4 → 5 cm

F – F2 → 5 cm

Figura 17

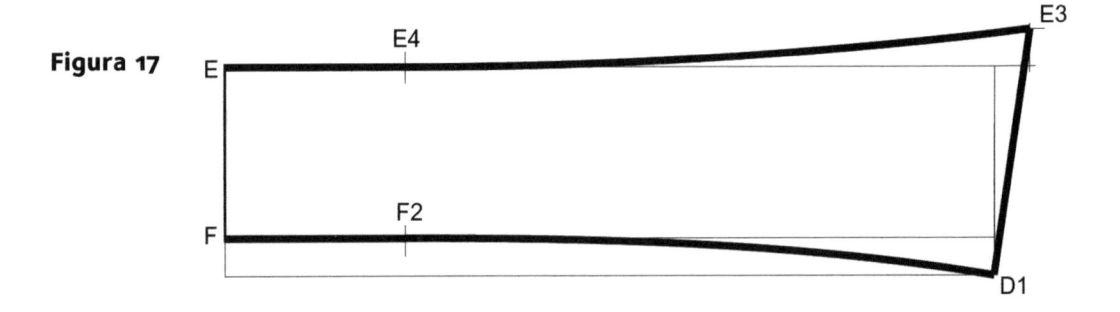

Ligar o ponto **D1** a **E3** com um segmento de reta e os pontos **E4** a **E3** e **F2** a **D1** com curvas, conforme Figura 17, definindo o contorno do colarinho.

Em seguida, deve-se medir a parte de baixo do pé do colarinho e compararmos com a medida do contorno total do degolo da camisa. Caso as medidas não sejam iguais, teremos que alterar o degolo.

Carcela

Traçar um retângulo com 6 cm de largura por 18 cm de altura.

Figura 18

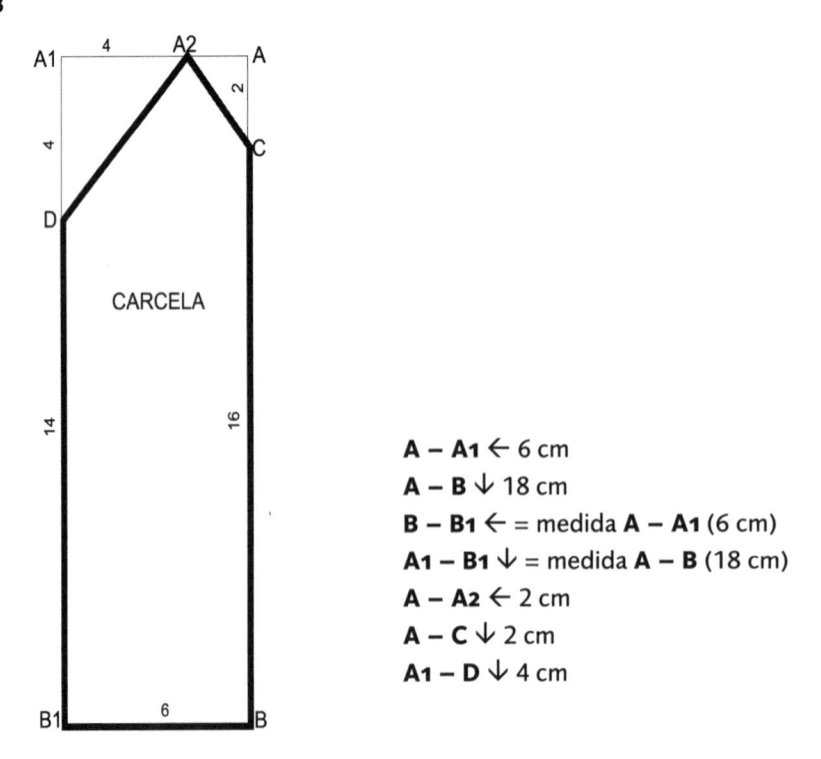

A – A1 ← 6 cm
A – B ↓ 18 cm
B – B1 ← = medida **A – A1** (6 cm)
A1 – B1 ↓ = medida **A – B** (18 cm)
A – A2 ← 2 cm
A – C ↓ 2 cm
A1 – D ↓ 4 cm

Definir o contorno da carcela conforme Figura 18.

Importante: Esse traçado já inclui margens para costura de 1 cm em toda a volta.

Punho

Traçar um retângulo com comprimento igual ao comprimento do punho (25 cm) e altura igual à largura do punho (5,5 cm).

Figura 19

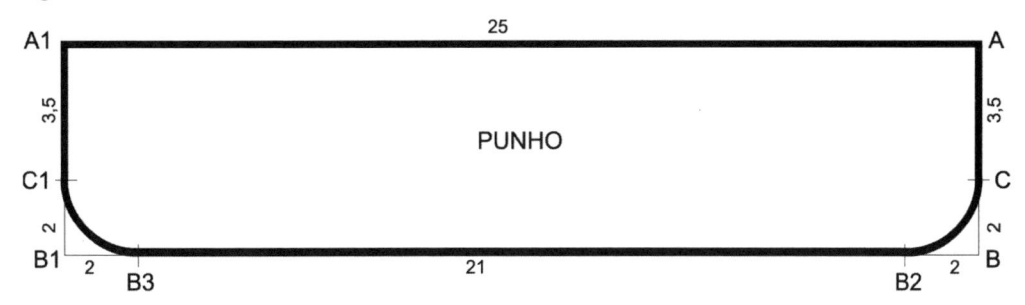

A – A1 ← comprimento do punho (25 cm)
A – B ↓ largura do punho (5,5 cm)
B – B1 ← = medida A – A1 (25 cm)
A1 – B1 ↓ = medida A – B (5,5 cm)
B – C ↑ 2 cm
B – B2 ← 2 cm
B1 – C1 ↑ = medida B – C (2,0)
B1 – B3 → = medida B – B2 (2,0)

Definir o contorno do punho conforme Figura 19.

Importante: Esse traçado não inclui margens para costura, corresponde ao tamanho do punho depois de pronto.

Preparação dos moldes

Depois de traçarmos todas as partes da camisa, vamos preparar os moldes, conforme as figuras.

Figura 20

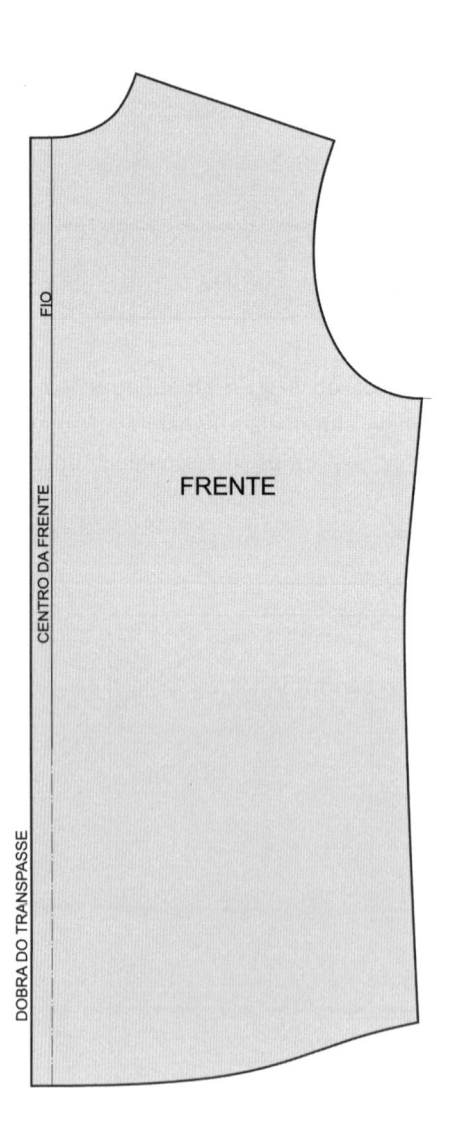

Frente
Marcar a linha do fio do tecido correspondente à linha do centro da frente.

Figura 21

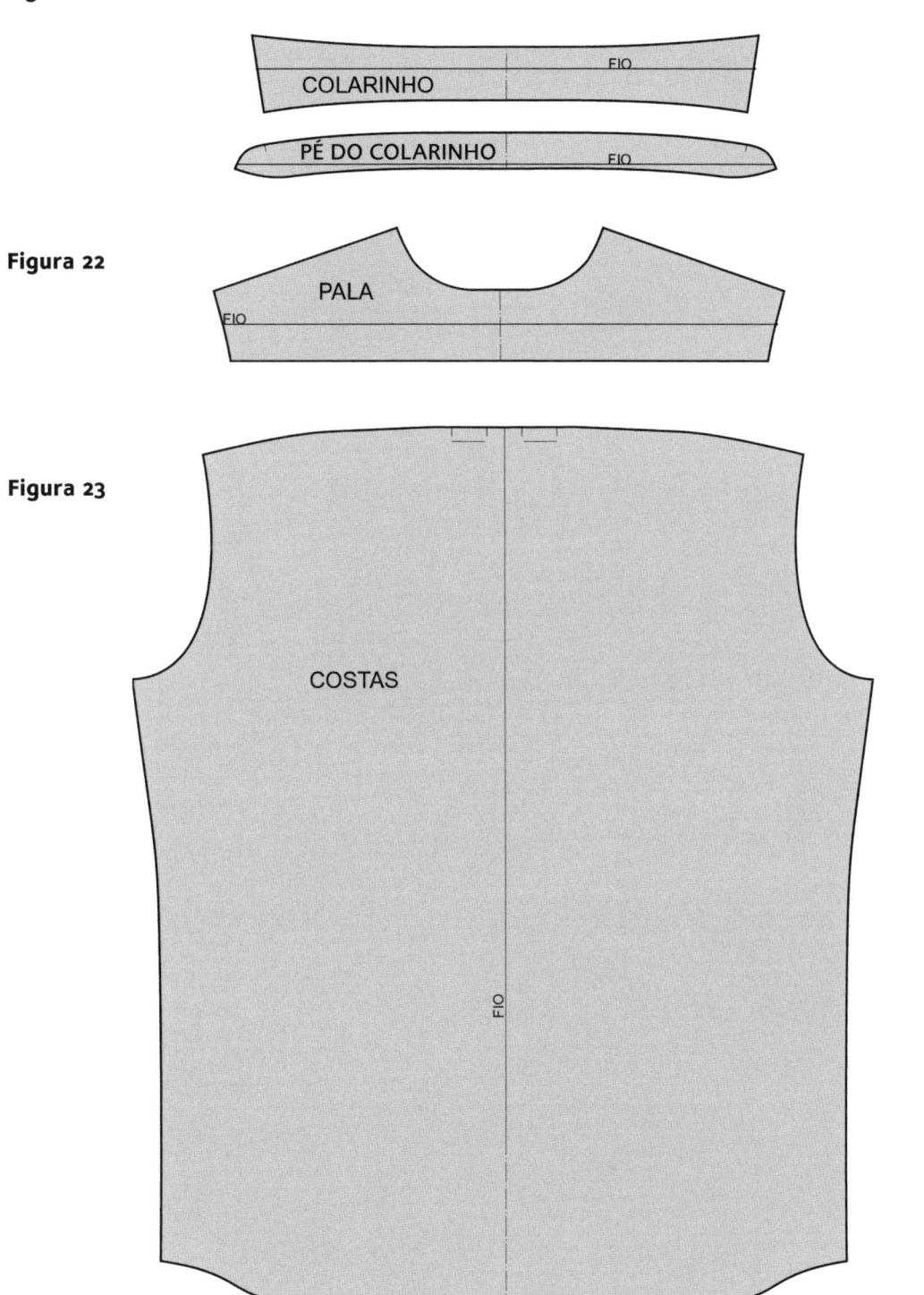

COLARINHO FIO

PÉ DO COLARINHO FIO

Figura 22

PALA
FIO

Figura 23

COSTAS
FIO

Pala, costas, pé do colarinho e colarinho
Como os traçados são feitos pela metade, rebater os moldes pela linha do centro das costas. Na parte das costas, o fio do tecido corresponde à linha do centro das costas e na pala, no pé do colarinho e no colarinho o fio é perpendicular à mesma.

Figura 24

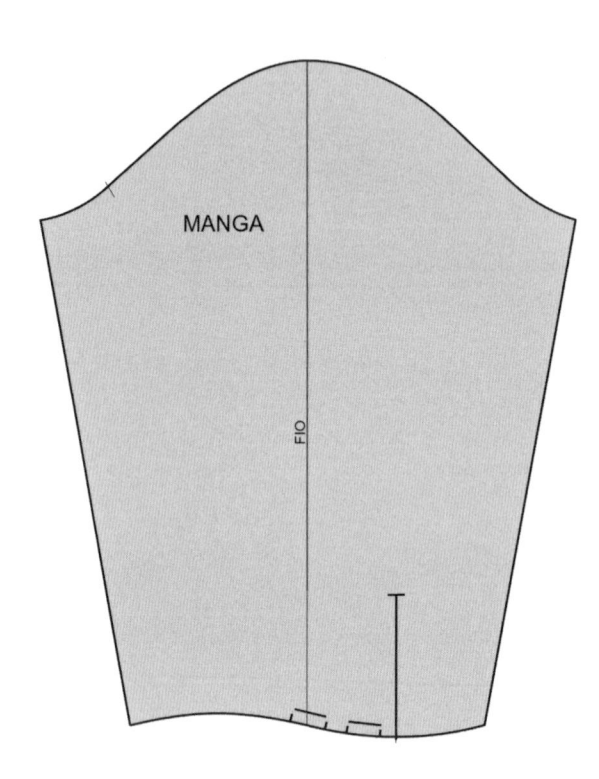

Manga
A linha do fio do tecido corresponde à linha vertical do centro da manga.

Figuras 25 e 26

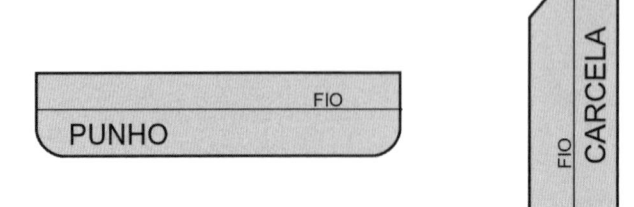

Punho e carcela
Marcar o fio do tecido no sentido da maior dimensão do molde, conforme as Figuras 25 e 26, respectivamente.

Colocação das costuras

Para finalizarmos a modelagem, precisamos acrescentar as margens para as costuras e bainhas aos moldes e anotar, em cada uma das partes da modelagem, todas as informações necessárias para o corte.

Todas as partes dos moldes devem conter as seguintes informações:

– Marcação da linha do fio do tecido

– Referência ou nome do modelo

– Identificação da parte da modelagem (por exemplo, frente, pala etc.)

– Tamanho

– Quantidade de vezes a cortar no tecido (ou na entretela, por exemplo)

Figura 27

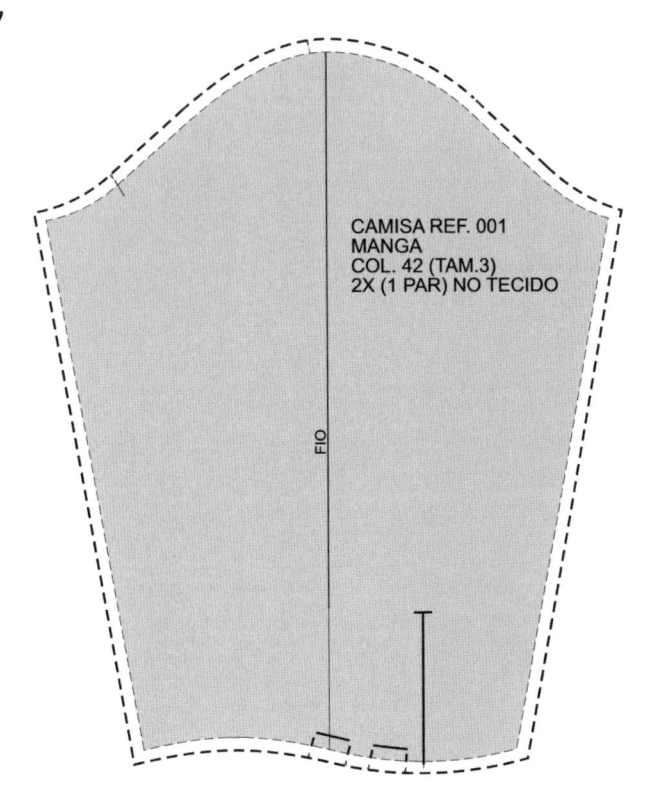

CAMISA REF. 001
MANGA
COL. 42 (TAM.3)
2X (1 PAR) NO TECIDO

FIO

As margens para as costuras variam de acordo com o acabamento ou o tipo de máquina que vai ser utilizado na montagem. Como exemplo vamos utilizar o padrão mais comum em confecção que é o de costuras com largura de 1 cm. A bainha da barra, para ser dobrada duas vezes e ficar pronta com 0,5 cm de largura, também necessita do acréscimo de 1 cm.

A seguir vamos detalhar cada uma das partes da modelagem.

Frente (lado esquerdo)

É o lado da frente onde ficam as casas dos botões. Numa camisa social essa parte possui, geralmente, uma vista externa com a largura igual ao transpasse para o abotoamento.

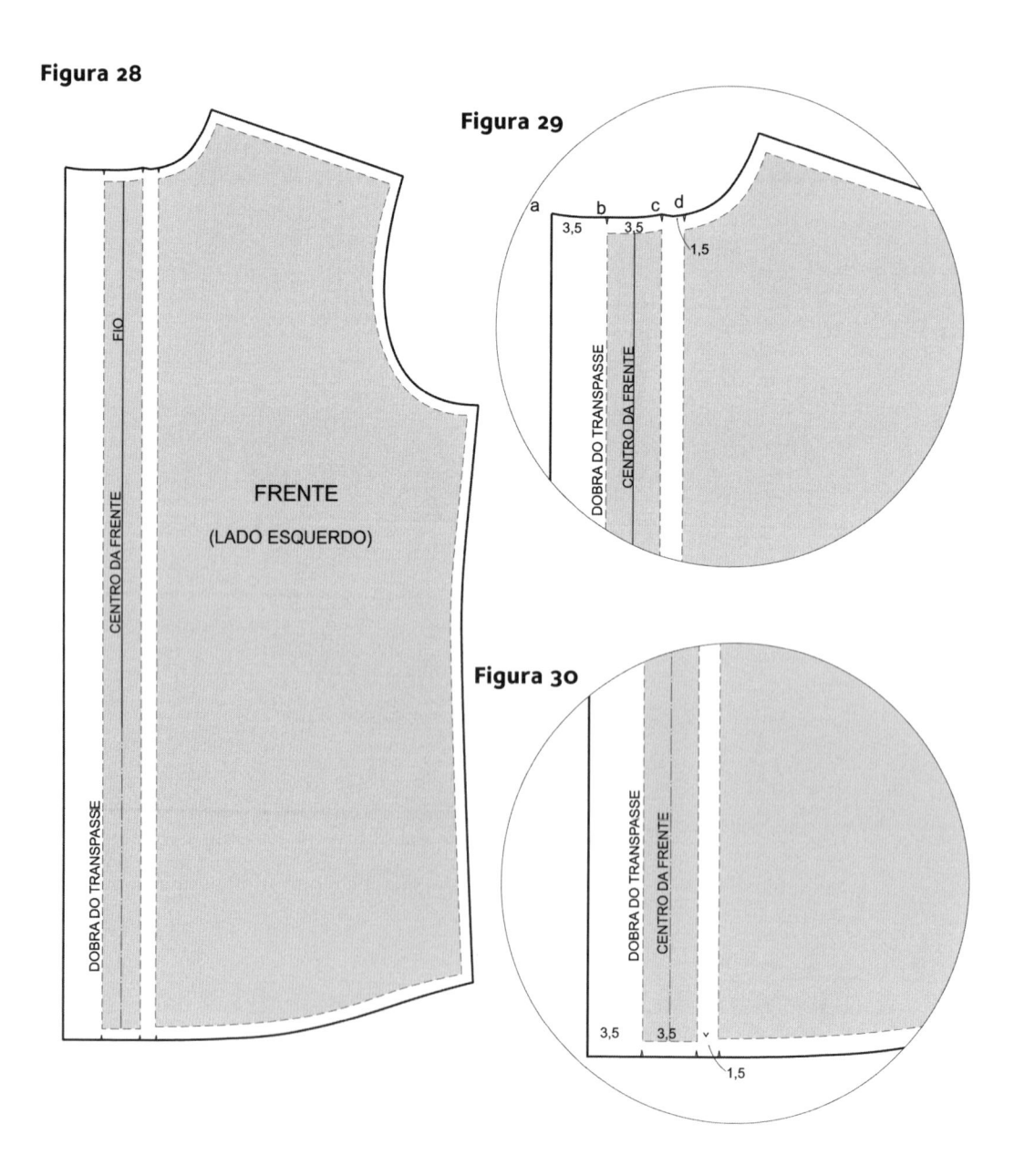

Figura 28

FRENTE
(LADO ESQUERDO)

CENTRO DA FRENTE
FIO
DOBRA DO TRANSPASSE

Figura 29

a   b   c d
3,5   3,5
1,5

DOBRA DO TRANSPASSE
CENTRO DA FRENTE

Figura 30

DOBRA DO TRANSPASSE
CENTRO DA FRENTE
3,5   3,5
1,5

Detalhe 1

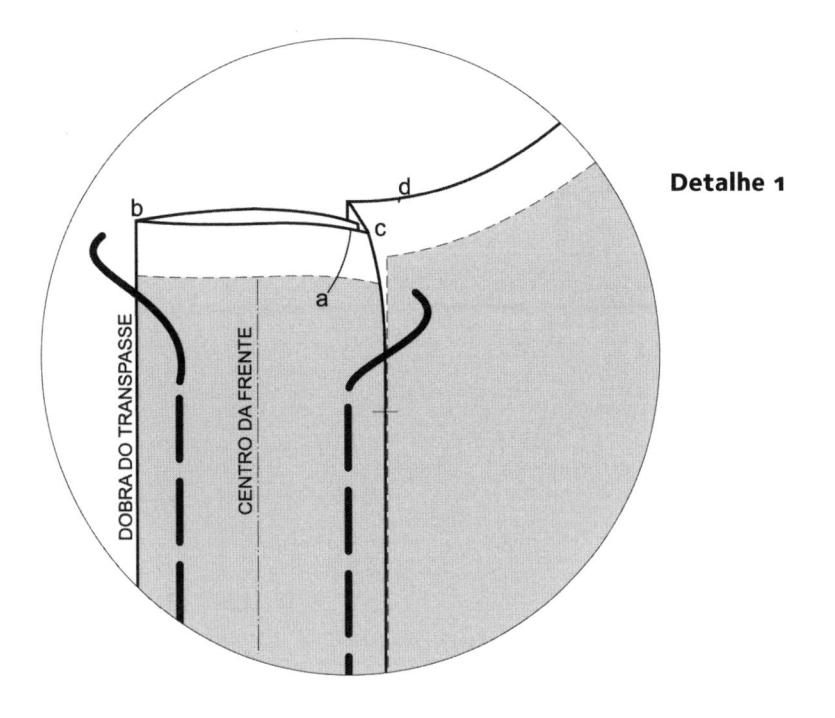

Para prepararmos o molde, temos que destacar uma faixa com 3,5 cm de largura no centro da frente, que corresponde à largura da vista. Em seguida afastamos as duas partes 1,5 cm e acrescentamos mais 3,5 cm na dobra do transpasse, conforme Figuras 29 e 30. O detalhe 1 mostra como esses acréscimos serão consumidos quando costurados. Finalmente acrescentamos 1 cm de costura no degolo, no ombro, na cava, na lateral e na barra, conforme Figura 28.

Cortar uma vez nesta posição considerando o lado direito do tecido.

Importante: Dependendo do tecido utilizado, é necessário colocarmos uma tira de entretela na vista. Para isso devemos fazer um molde que corresponde à faixa de 3,5 cm que foi destacada da frente, conforme Figura 31.

Figura 31

Frente (lado direito)

É o lado da frente onde ficam os botões. Deste lado faremos uma bainha dupla com 2,5 cm de largura. Para isso, acrescentamos duas vezes 2,5 cm (total 5 cm) a partir da dobra do transpasse, conforme Figura 33. No detalhe 2 podemos ver como esse acréscimo será utilizado no acabamento.

Cortar uma vez nesta posição considerando o lado direito do tecido.

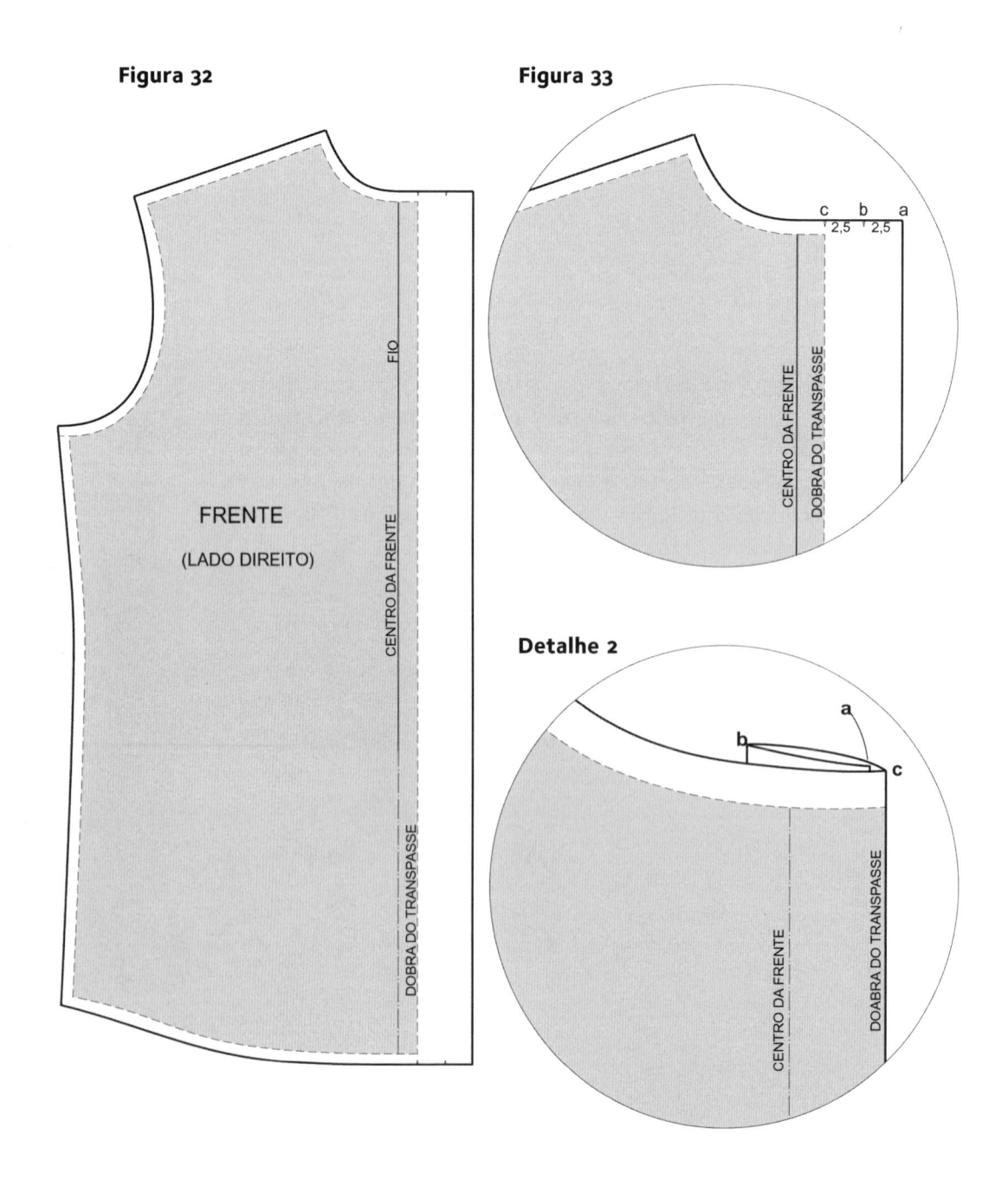

Figura 32

Figura 33

Detalhe 2

Pala

Acrescentar 1 cm de costura em toda a volta, conforme Figura 34.

Cortar duas vezes no tecido, pois a pala na camisa social é dupla.

Figura 34

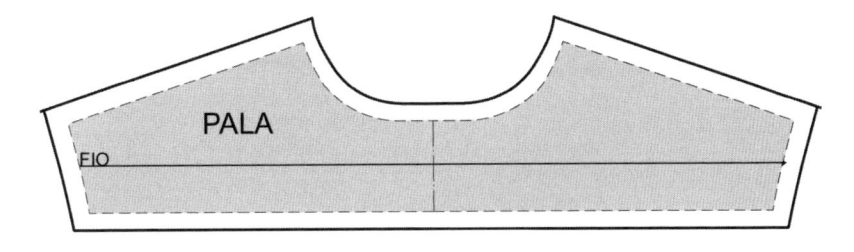

Costas

Acrescentar 1 cm de costura em toda a volta, conforme Figura 35.

Cortar uma vez no tecido.

Figura 35

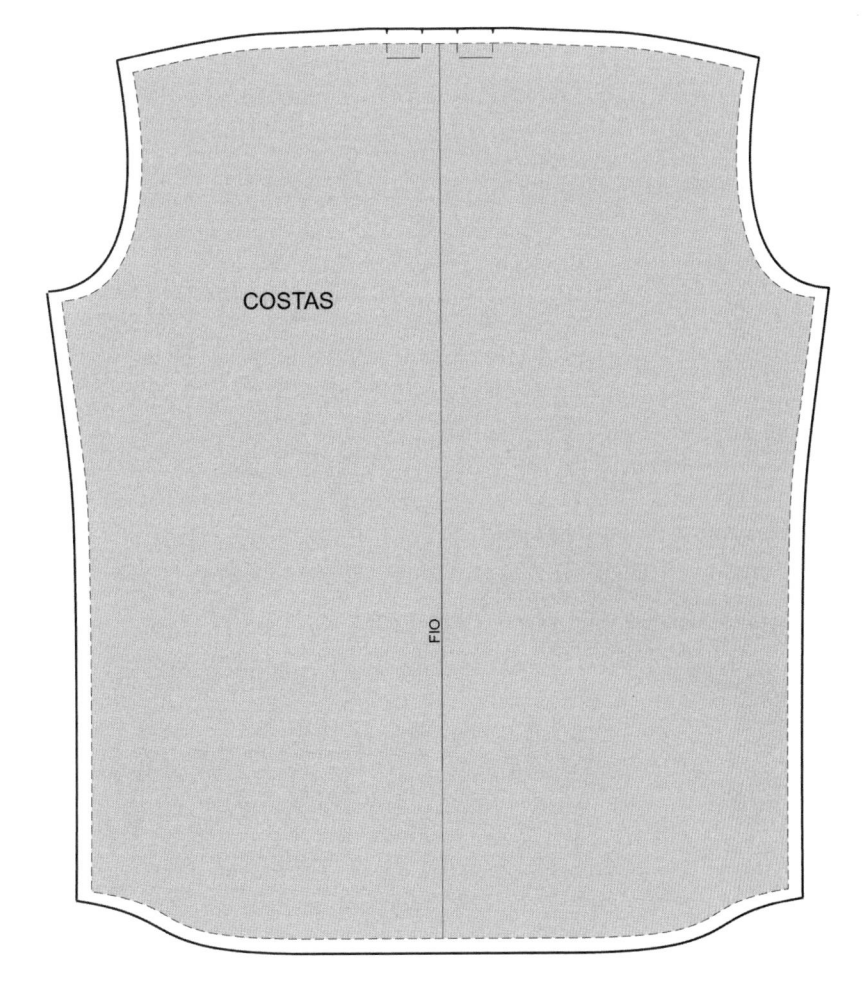

Manga

Acrescentar 1 cm de costura em toda a volta, conforme a Figura 36.

Cortar duas vezes no tecido virando uma para cada lado para formar um par. Desta forma teremos uma manga para o lado direito e outra para o lado esquerdo.

Figura 36

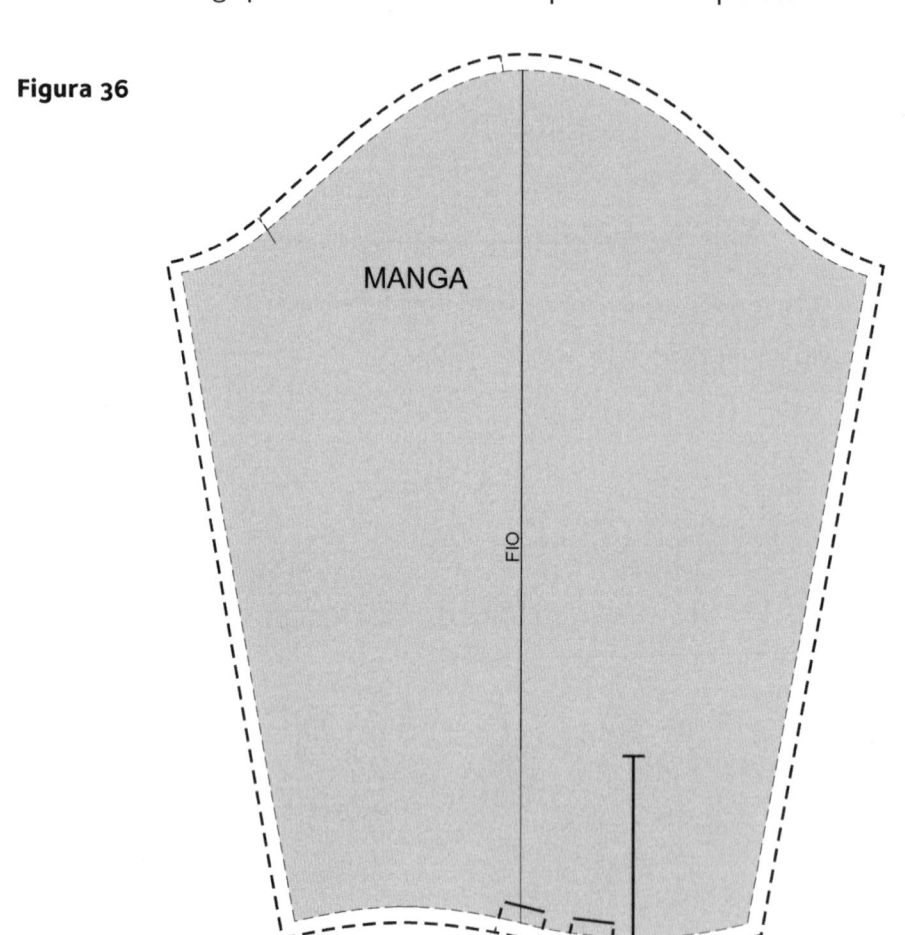

Colarinho e pé do colarinho

Acrescentar 1 cm de costura em toda a volta, conforme Figura 37.

Cortar duas vezes no tecido, cada um.

Figura 37

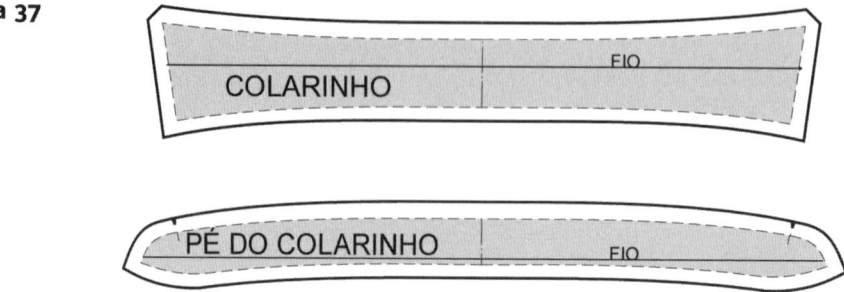

Bitola do colarinho e bitola do pé do colarinho

São os próprios moldes que foram traçados e rebatidos, sem as margens para costuras. Correspondem ao tamanho do colarinho e do pé do colarinho quando prontos. Esses moldes serão utilizados para cortarmos a entretela.

Cortar uma vez cada um dos moldes na entretela termocolante.

Figura 38

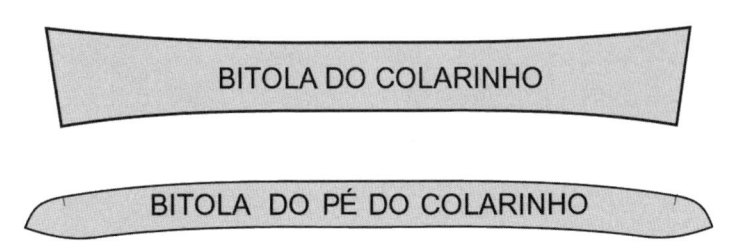

BITOLA DO COLARINHO

BITOLA DO PÉ DO COLARINHO

Punho

Acrescentar 1 cm em toda a volta conforme Figura 39.

Cortar quatro vezes no tecido.

Figura 39

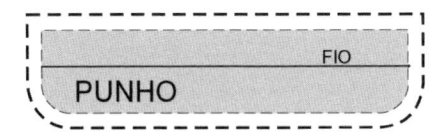

PUNHO — FIO

Bitola do punho

E o molde que foi traçado sem as margens par costura.

Cortar duas vezes na entretela termocolante.

Figura 40

BITOLA DO PUNHO

Carcela

Corresponde ao molde que foi traçado. As margens de costuras já estão incluídas.

Cortar duas vezes no tecido, uma para cada lado, formando um par.

Figura 41

Partes componentes da camisa social

O conjunto de moldes que compõe a modelagem da camisa social pode ser assim resumido:

1 **frente (lado esquerdo)** – 1x no tecido

2 **frente (lado direito)** – 1x no tecido

3 **pala** – 2x no tecido

4 **costas** – 1x no tecido

5 **manga** – 2x (1 par) no tecido

6 **pé do colarinho** – 2x no tecido

7 **colarinho** – 2x no tecido

8 **punho** – 4x no tecido

9 **carcela** – 2x (1 par) no tecido

10 **bitola do pé do colarinho** – 1x na entretela

11 **bitola do colarinho** – 1x na entretela

12 **bitola do punho** – 2x na entretela

CAMISA ESPORTE

CAMISA ESPORTE (TAMANHO 3)

Camisa com gola esporte, pala dupla nas costas, manga curta e barra reta com fendas laterais.

Figura 1

INTERPRETAÇÃO A PARTIR DA BASE DO CORPO E DA MANGA

Semitórax = 50 cm (tamanho 3)

Comprimento no centro das costas = 75 cm

Folga total no contorno do tórax = 24 cm

Transferência da costura do ombro para a frente = 3 cm

Aumento do ombro = 2 cm

Altura da pala no centro das costas = 10 cm

Largura do transpasse = 3,5 cm

Profundidade das pregas nas costas = 3 cm

Medida das fendas laterais = 8 cm

Largura da gola no centro das costas = 7,5 cm

Figura 2

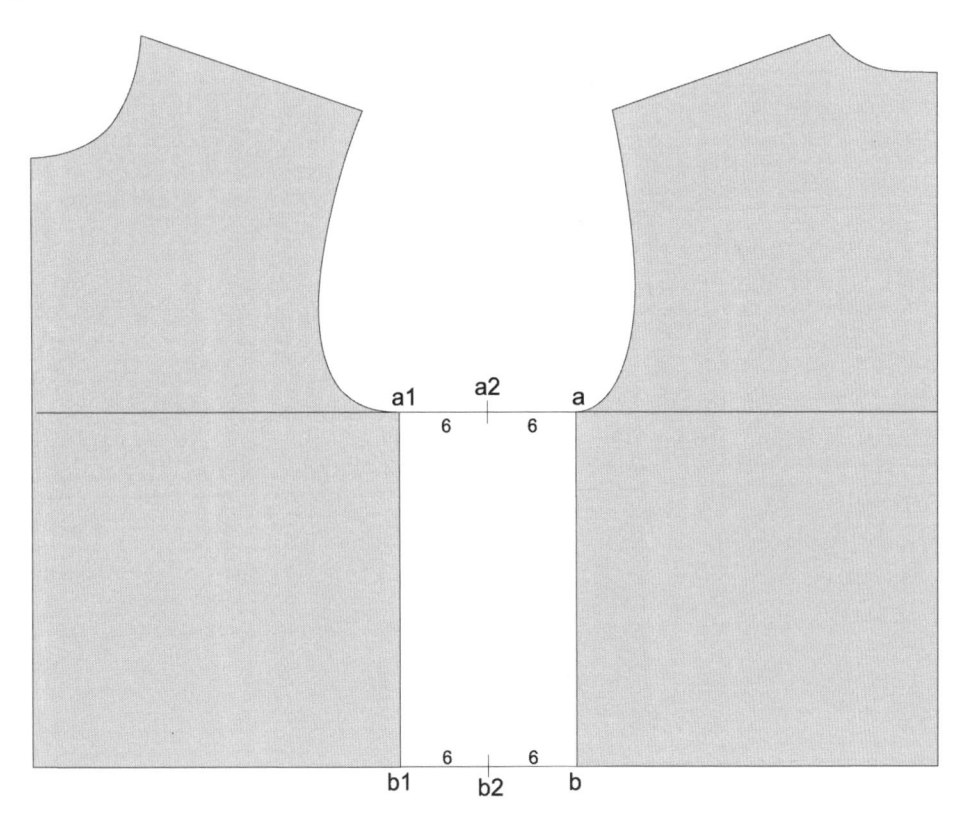

Copiar a base das costas do corpo à direita do papel, deixando aproximadamente 5 cm de margem.

Prolongar as linhas da cava e da cintura para a esquerda, a partir da lateral nos pontos **a** e **b**.

Marcar a metade da folga desejada no tórax (12 cm).

a – a1 ← metade da folga no tórax (12 cm)

b – b1 ← = medida **a – a1** (12 cm)

Copiar a base da frente, encostando a lateral nos dois pontos marcados.

Dividir o espaço entre a frente e as costas na metade.

a – a2 ← 1/2 da medida **a – a1** (6 cm)

b – b2 ← = medida **a – a2** (6 cm)

Figura 3

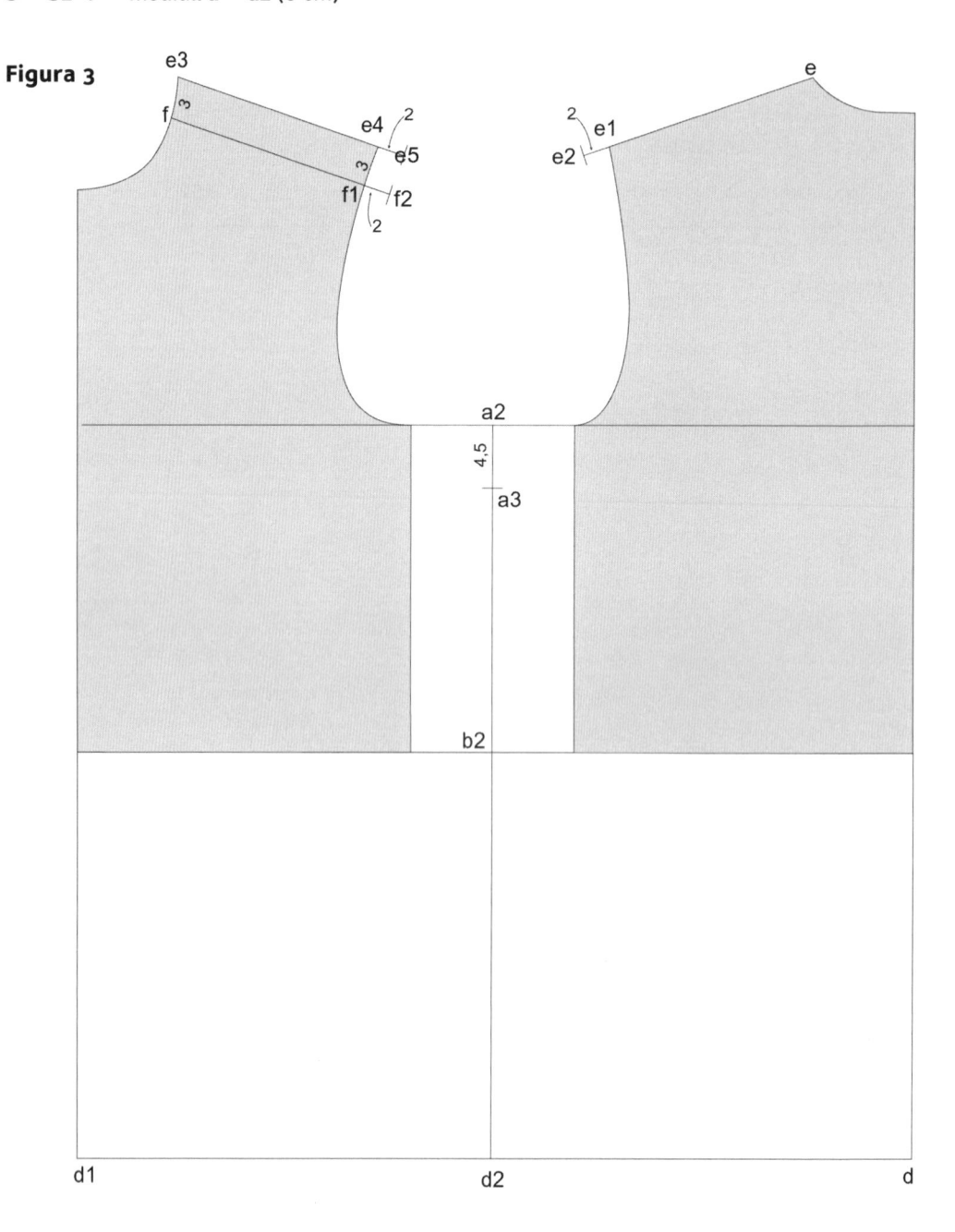

Marcar o comprimento total da camisa no centro das costas.

c – d ↓ 75 cm

Esquadrar para formar a linha da barra, conforme Figura 3, determinando os pontos **d1** e **d2** e prolongar o centro da frente até o ponto **d1**.

Prolongar a linha do ombro frente e costas dando o aumento do ombro desejado.

e1 – e2 ↙ 2 cm

e4 – e5 ↘ 2 cm

Marcar 3 cm no degolo e na cava da frente para transferir a linha do ombro para a parte da frente.

e3 – f ↙ 3 cm

e4 – f1 ↙ 3 cm

Traçar a nova linha do ombro ligando **f** e **f1** com um segmento de reta e prolongando 2 cm até **f2**.

Marcar o rebaixamento da cava com aproximadamente 3/4 do aumento de 6 cm dado na lateral.

a2 – a3 ↓ 3/4 da medida **a – a2** (4,5 cm)

Figura 4

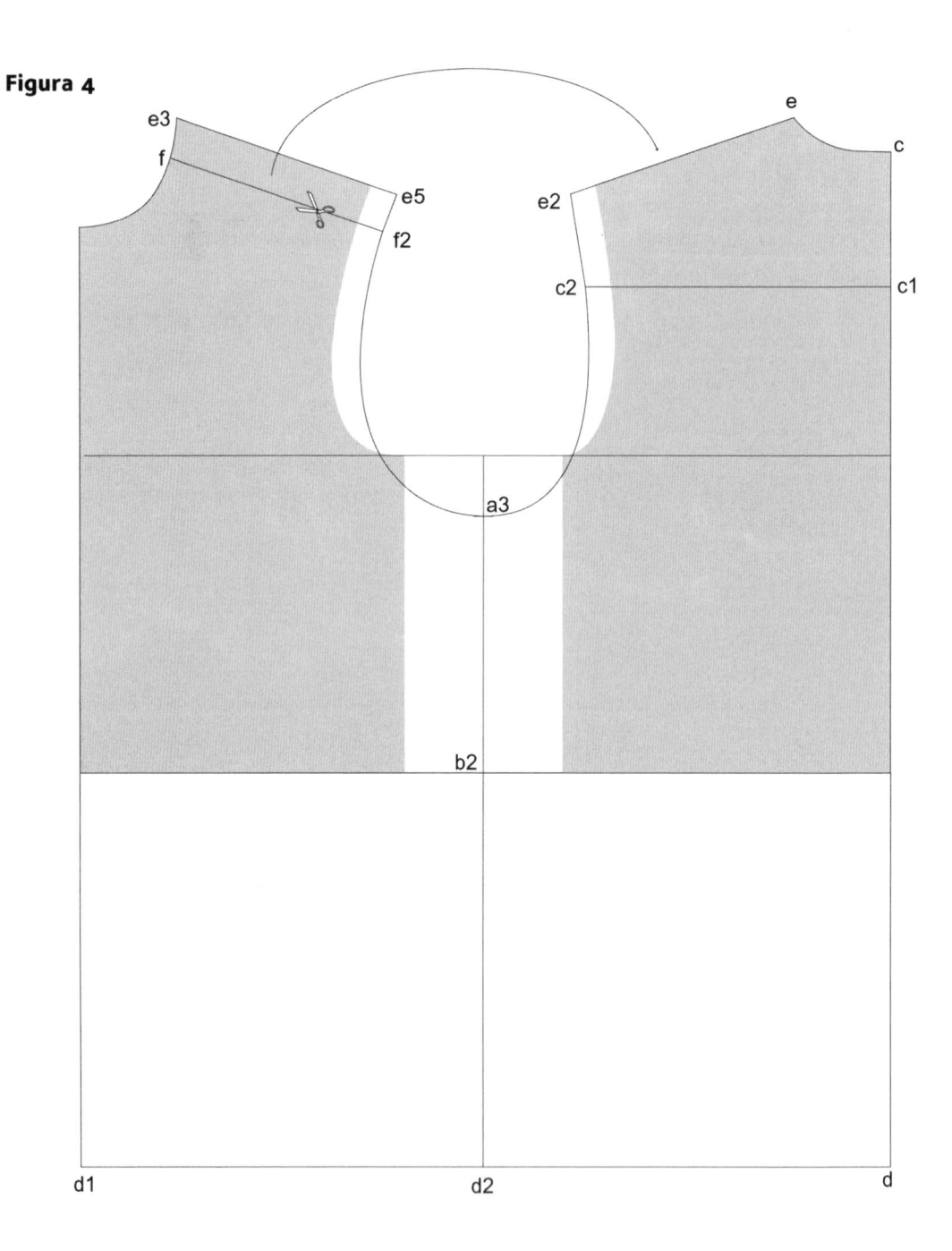

Desenhar a cava passando pelos pontos **e5**, **f2**, **a3** e **e2**, conforme Figura 4.

Marcar a altura da pala no centro das costas.

c – c1 ↓ 10 cm

Traçar uma linha horizontal, para a esquerda, a partir do ponto **c1** e determinar o ponto **c2** no encontro com a linha da cava.

Recortar a parte da frente na linha **f – f2** e unir na parte das costas, casando os pontos **e** com **e3** e **e2** com **e5**, respectivamente.

Figura 5

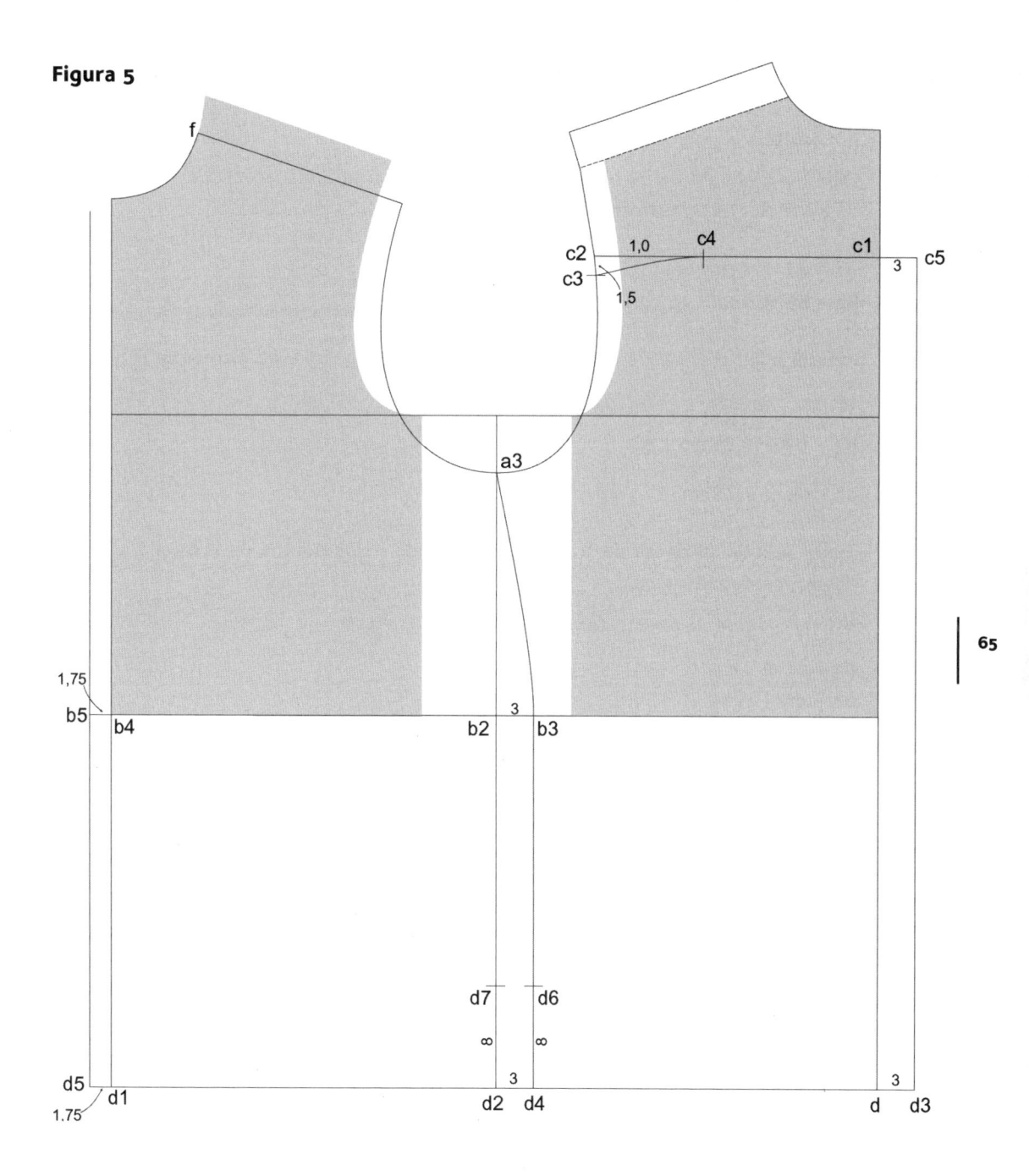

Marcar uma pence entre a pala e a parte das costas com 1,5 cm de profundidade e 10 cm de comprimento.

c2 – c3 ↘ 1,5 cm
c2 – c4 → 10 cm

Marcar o aumento para a prega das costas com 3 cm de largura.

c1 – c5 → 3 cm
d – d3 → 3 cm

Ligar os pontos **c5** e **d3**, com um segmento de reta, formando uma nova linha de centro das costas.

Diminuir a largura da parte de baixo das costas para permanecer com a mesma largura da parte da frente, marcando os pontos **d4** e **b3**.

d2 – d4 → 3 cm
b2 – b3 → 3 cm

Refazer a linha lateral das costas ligando os pontos **d4**, **b3** e **a3**, conforme Figura 5.

Marcar a metade do transpasse no centro da frente.

b4 – b5 ← 1,75 cm

d1 – d5 ← 1,75 cm

Traçar a linha da dobra do transpasse passando pelos pontos **d5** e **b5** até a altura do degolo, conforme Figura 5.

Marcar a altura da fenda lateral.

d2 – d7 ↑ 8 cm
d4 – d6 ↑ 8 cm

Figura 6

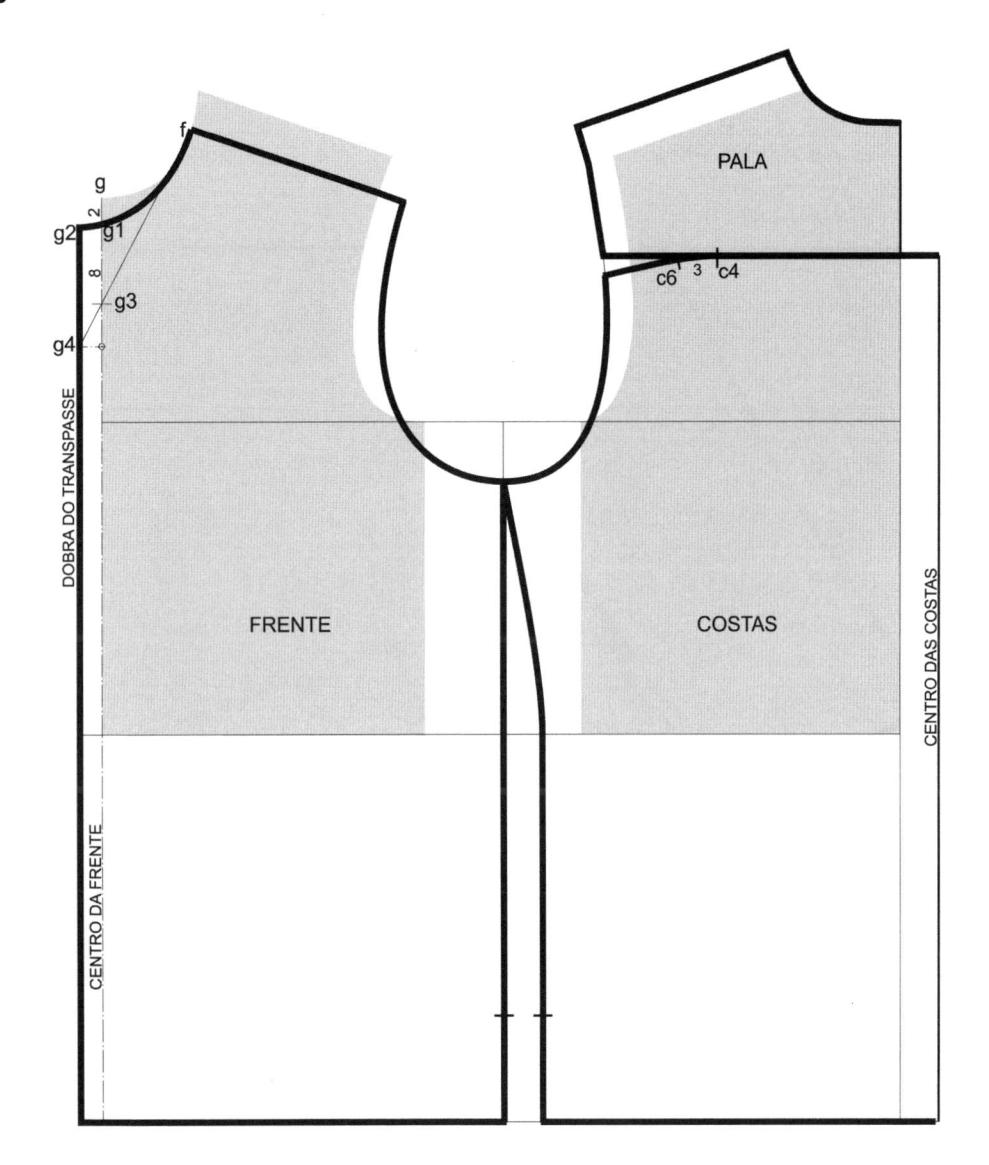

Para a camisa com gola esporte, abaixar o degolo no meio da frente.

g – g1 ↓ 2 cm

Redesenhar o degolo começando no ponto **f**, passando pelo ponto **g1** e terminando no ponto **g2** na dobra do transpasse, conforme Figura 6.

Marcar o ponto **g3** no centro da frente determinando a altura desejada para o transpasse da gola.

g1 – g3 ↓ 8 cm

Ligar os pontos **f** e **g3**, em linha reta prolongando até a dobra do transpasse, determinando o ponto **g4**. O ponto **g4** corresponde à altura do primeiro botão e a linha **g4** – **f** é a linha de dobra da gola.

Definir o contorno das partes da frente, da pala e das costas e separar.

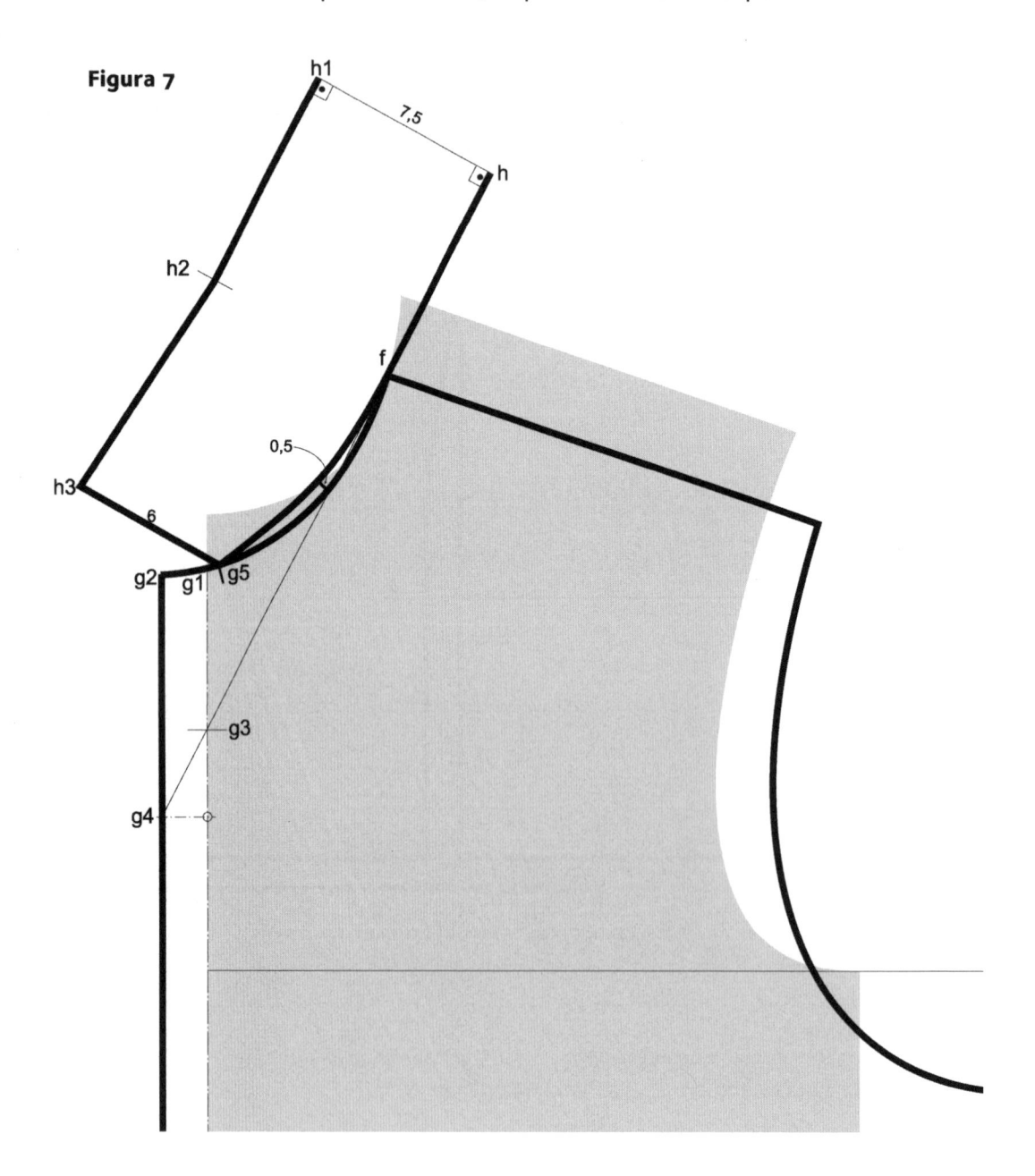

Figura 7

Para o traçado da gola esporte, prolongar a linha **g4 – f**, conforme Figura 7.

Medir, na Figura 6, o contorno do degolo na pala das costas e marcar a medida encontrada a partir do ponto **f**, determinando o ponto **h**.

f – h ↗ medida do degolo das costas

Esquadrar no ponto **h** e marcar a largura da gola na parte das costas.

h – h1 ↖ 7,5 cm

Esquadrar novamente no ponto **h1** formando uma paralela à linha **g4 – h**.

h1 – h2 ↙ = medida **f – h**

O início da gola deve ficar um pouco mais afastado que o centro da frente da camisa. Para isso traçamos o ponto **g5** com 0,5 cm afastado do ponto **g1**.

g1 – g5 → 0,5 cm

A forma e o tamanho da ponta da gola variam de acordo com a gola que se deseja traçar. Nesse caso, vamos traçar uma paralela à linha **h – h1**, a partir do ponto **g5** e marcar a ponta com 6 cm.

g5 – h3 ↖ 6 cm

Ligar os pontos **h2** e **h3** com uma curva muito suave, concordando no ponto **h2** com a reta que vem de **h1**.

Ligar os pontos **g5** e **f** com uma curva menos acentuada que a curva do degolo, afastando aproximadamente 0,5 cm na metade, conforme a figura.

Definir o contorno da gola, conforme Figura 7 e separar.

O traçado final é moldado como na Figura 8.

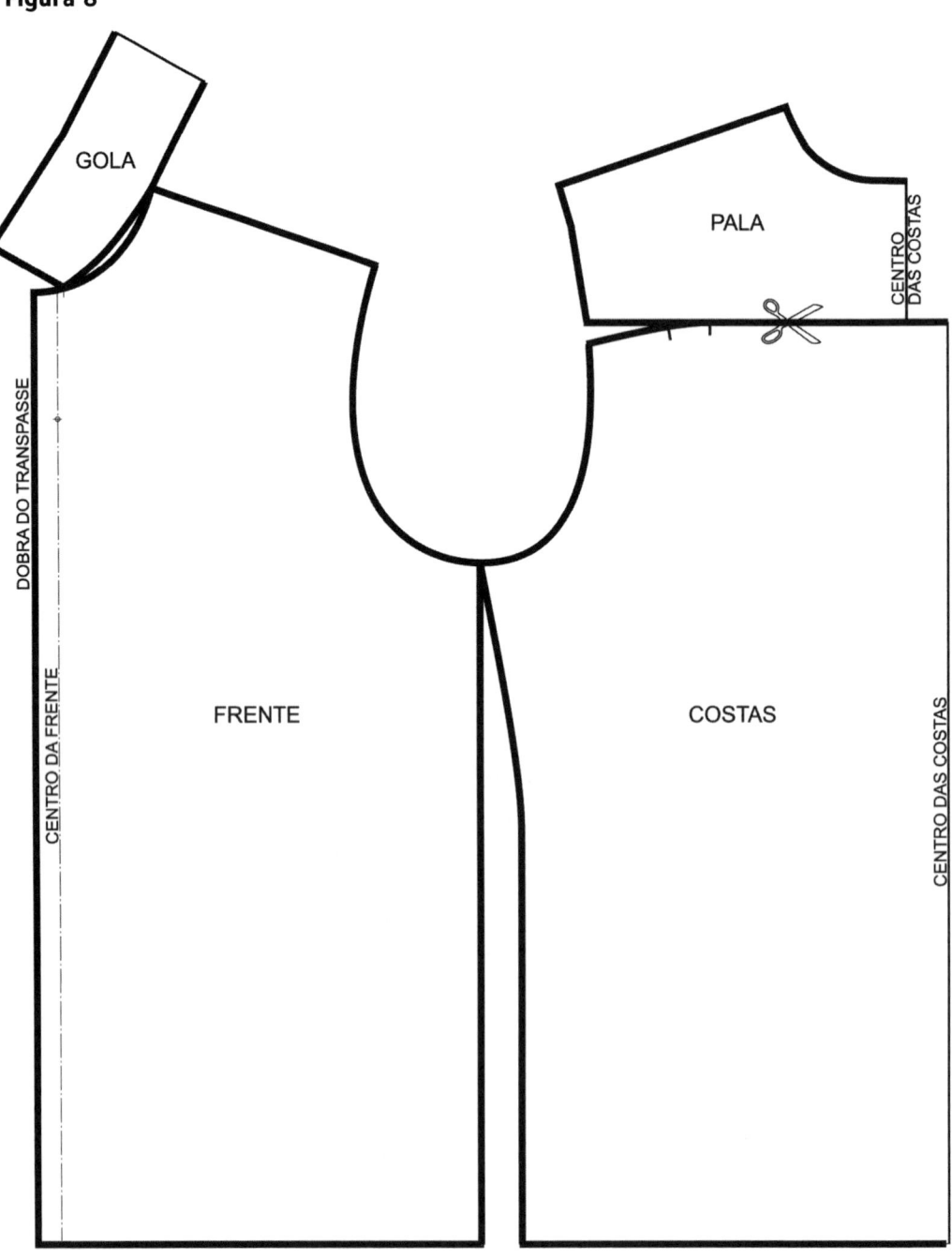

Figura 8

Manga curta

Feita a partir da medida do contorno da cava da camisa, utilizando a base da manga e a mesma sequência de traçado.

Medir o contorno total da cava no traçado da camisa esporte. Na camisa apresentada, o contorno da cava fica em torno de 55,5 cm.

Contorno da cava = 55,5 cm

Comprimento da manga = 25 cm

Largura da manga na parte de baixo = 40 cm

Copiar a base da manga correspondente à base do corpo utilizada na interpretação da camisa esporte, até a altura do cotovelo, conforme Figura 8. Para obtermos uma manga mais ampla vamos manter a altura da cabeça da manga básica, aumentando somente a largura.

Figura 9

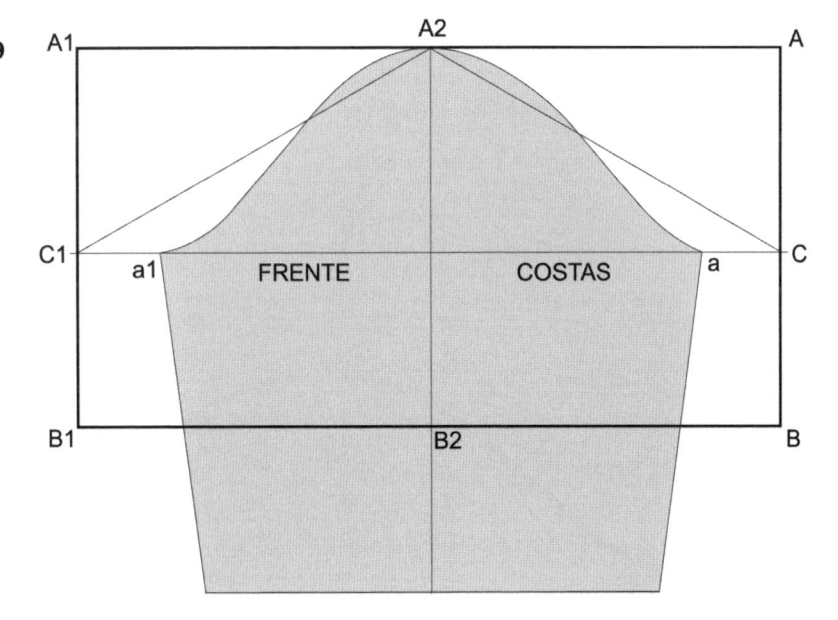

Prolongar em linha reta, conforme Figura 9, a linha que passa nos pontos **a** e **a1**, à esquerda e à direita, respectivamente.

Marcar, na diagonal, a partir do ponto **A2** em direção ao prolongamento de **a** e **a1**, a metade da medida do contorno da cava – 0,5 cm (28,25 cm).

A2 – C ↘ 1/2 do contorno da cava – 0,5 cm (28,25 cm)
A2 – C1 ↙ = medida **A2 – C** (28,25 cm)

Marcar o comprimento da manga a partir do ponto A2.

A2 – B2 ↓ Comprimento da manga (25 cm)
Desenhar, conforme Figura 9, o retângulo base da manga com os lados passando pelos pontos.

A2, **C**, **B2** e **C1**. Determinar os pontos **A**, **B**, **B1** e **A1**.

Figura 10

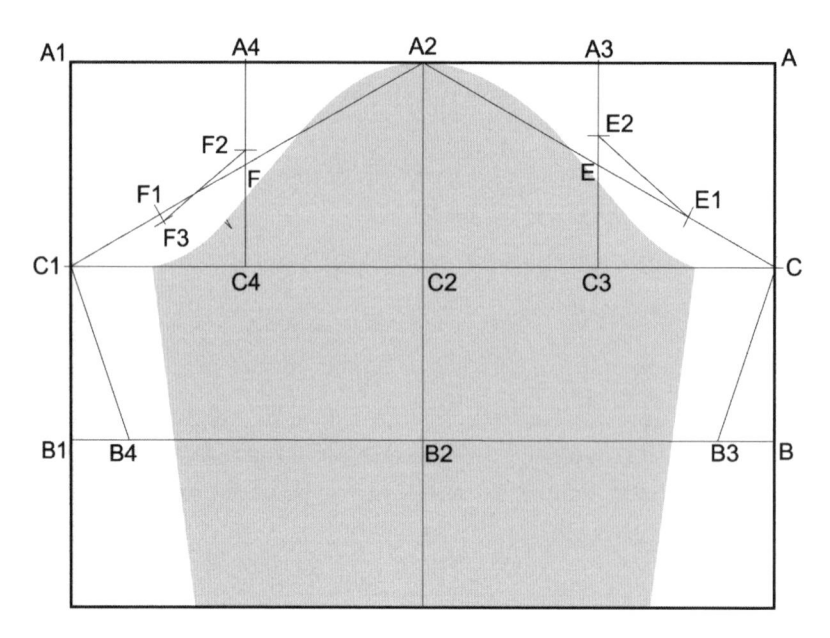

Em seguida vamos utilizar a mesma sequência de traçado da base da manga.

A medida do punho utilizada é a largura da parte de baixo da manga (40 cm).

Figura 11

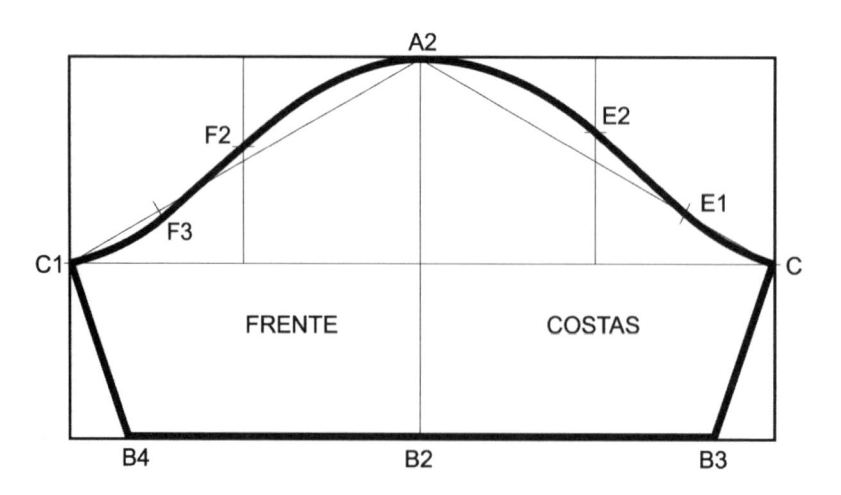

Ligar os pontos conforme Figura 11, definindo o contorno da manga.

Importante: Conferir a medida da curva da cabeça da manga conforme explicado nos exemplos anteriores (base da manga e manga da camisa social).

Bolso

Para traçarmos o bolso, vamos iniciar com um retângulo de 12 cm de largura por 14,5 cm de altura e desenhar conforme Figura 12.

Figura 12

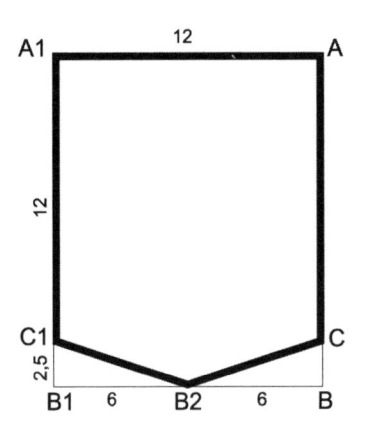

A Figura 13 mostra a posição do bolso na parte da frente da camisa.

Figura 13

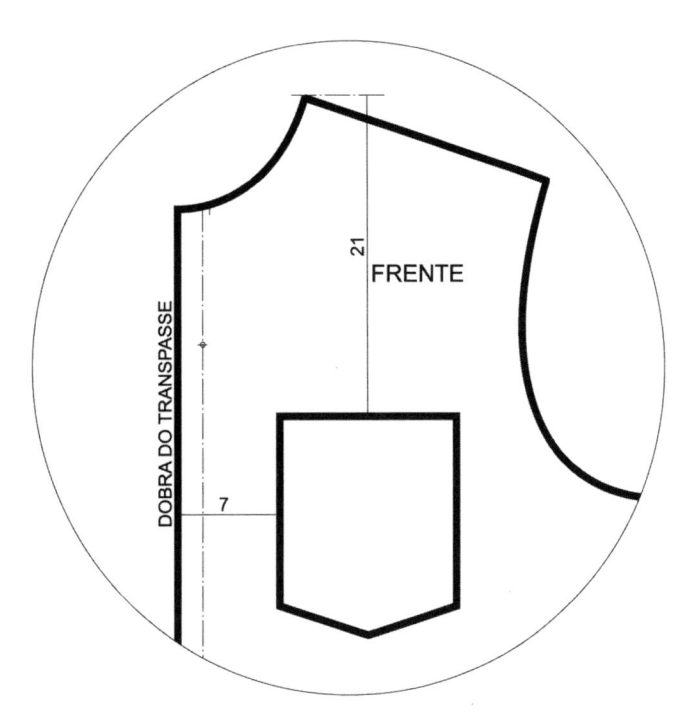

Preparação dos moldes

Após traçarmos todas as partes da camisa, vamos preparar os moldes, conforme as figuras a seguir.

Figura 14

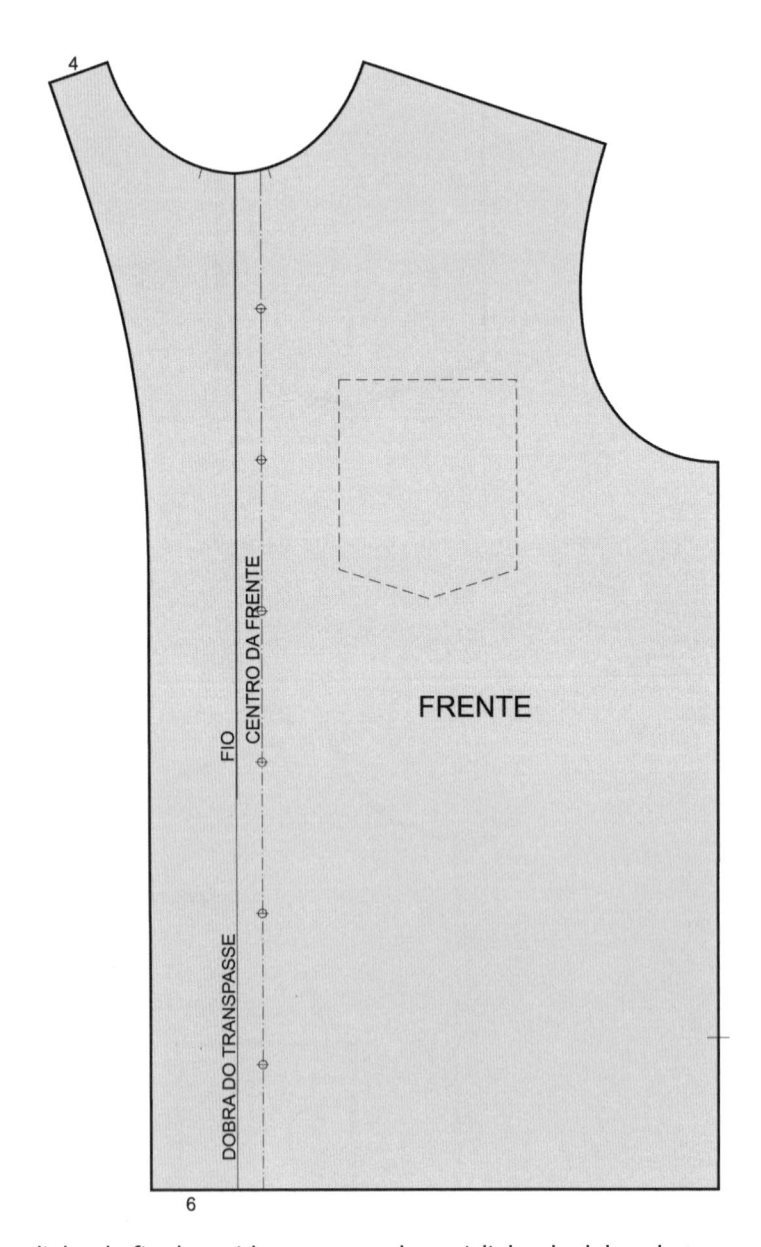

Frente – Marcar a linha do fio do tecido correspondente à linha da dobra do transpasse. Rebater o molde por esta linha para formar a limpeza do abotoamento com 6 cm de largura da barra até a altura da cava, aproximadamente, e curvando em direção à linha do ombro afastando 4 cm do degolo.

Figura 15

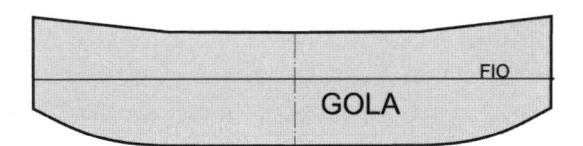

GOLA
FIO

Figura 16

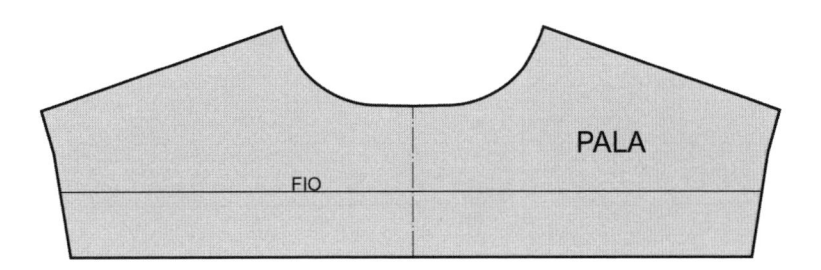

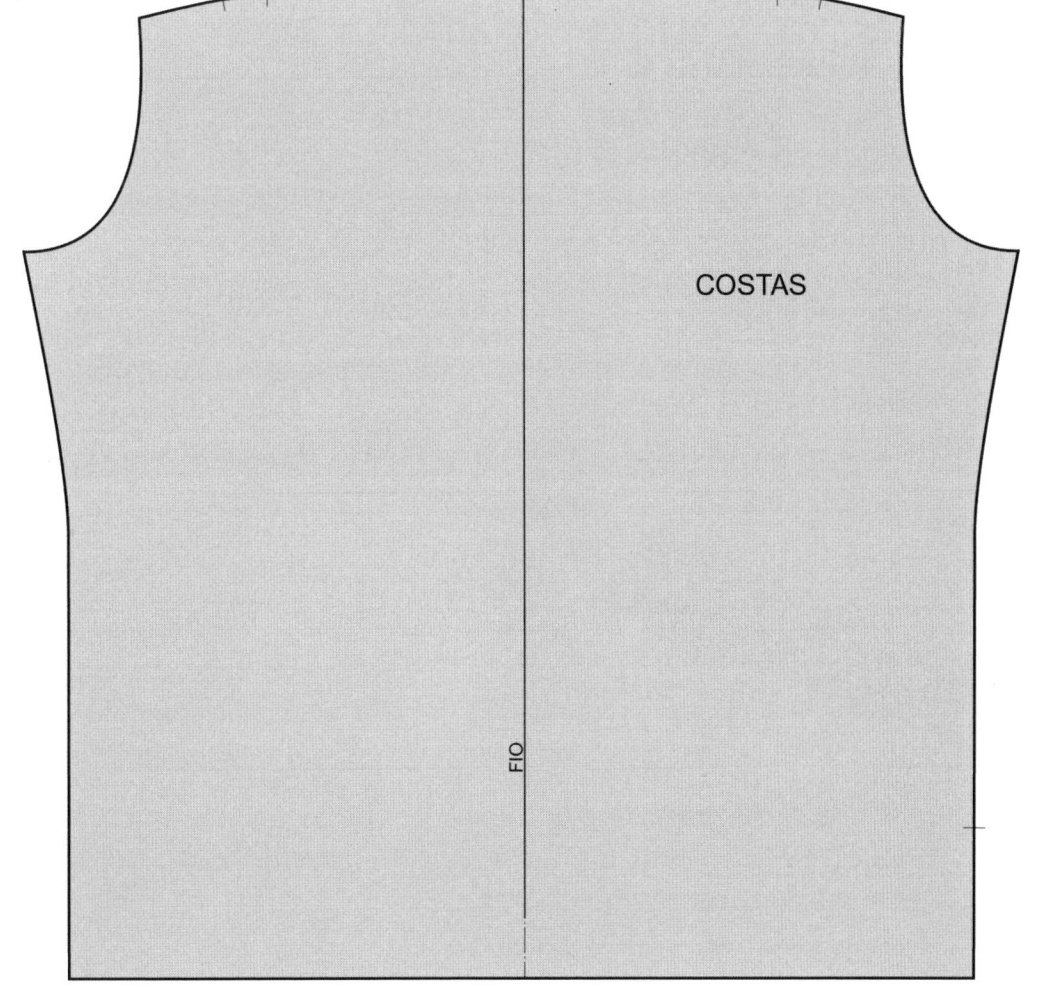

PALA
FIO

Figura 17

COSTAS
FIO

Pala, costas e gola – Como os traçados são feitos pela metade, rebater os moldes pela linha do centro das costas. Na parte das costas, o fio do tecido corresponde à linha do centro das costas e na pala, na gola o fio é perpendicular a ela.

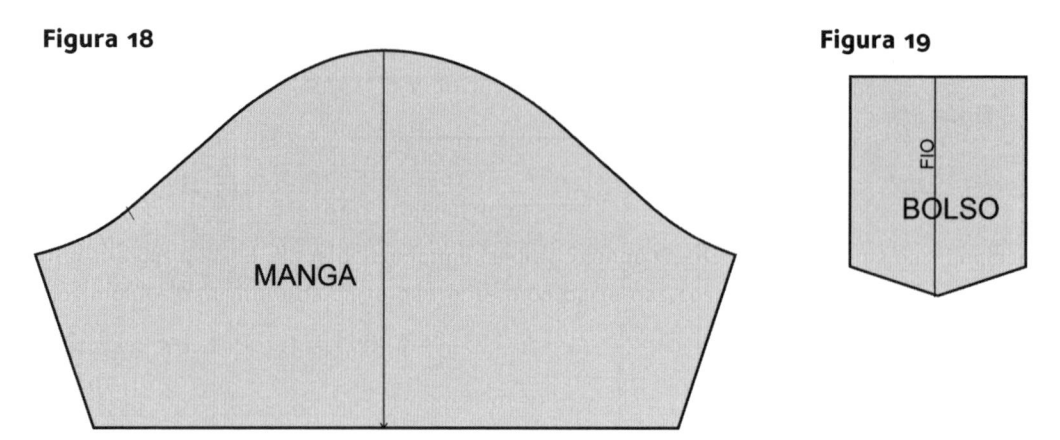

Figura 18

Figura 19

Manga – A linha do fio do tecido corresponde à linha vertical do centro da manga e do bolso, conforme Figuras 18 e 19, respectivamente.

Colocação das costuras

Como os moldes foram preparados sem margens para costuras ou bainhas, para finalizarmos, é necessário acrescentarmos as costuras. Além disso, temos que fazer as anotações necessárias em cada uma das partes da modelagem, conforme o exemplo dado na camisa social.

O acréscimo de costuras é semelhante ao da camisa social, com pequenas diferenças explicadas a seguir:

Frente e costas – 2 cm na barra e nas fendas laterais. No restante 1 cm de costura.

Cortar duas vezes (1 par) a frente e uma vez as costas no tecido.

Pala e gola – 1 cm de costura em toda a volta.

Cortar duas vezes no tecido cada uma das partes.

Manga – 3 cm na barra e 1 cm de costura no restante.

Cortar duas vezes (1 par) no tecido.

Bolso – 3 cm para a bainha na boca do bolso e 1 cm de costura no restante.

Cortar uma vez no tecido.

Bitola da gola – É o molde que foi preparado para a gola antes do acréscimo das costuras. Cortar uma vez na entretela termocolante.

Bitola do bolso – É o molde do bolso antes do acréscimo das costuras.

E usado apenas para gabaritar o bolso antes de pregar na camisa.

PARTES COMPONENTES DA CAMISA ESPORTE

O conjunto de moldes que compõe a modelagem da calça social pode ser assim resumido:

1 **frente** – 2x (1 par) no tecido
2 **pala** – 2x no tecido
3 **costas** – 1x no tecido
4 **manga** – 2x (1 par) no tecido
5 **gola** – 2x no tecido
6 **bolso** – 1x no tecido
7 **bitola da gola** – 1x na entretela
8 **bitola do bolso**

BASE DA CALÇA

BASE DA CALÇA

A base da calça é o ponto de partida para a execução de vestimentas para a parte de baixo do corpo (calças, bermudas, shorts etc.), independentemente do modelo escolhido.

As medidas necessárias para a base da calça são as circunferências da cintura e do quadril, o comprimento da calça e a altura da entreperna, que é a distância entre a virilha e o chão (ver Tabela de Medidas).

A altura do gancho não precisa ser medida porque é obtida calculando-se a diferença entre o comprimento da calça e a altura da entreperna.

A seguir apresentamos os passos para o traçado de uma base de calça, da cintura até o quadril.

Da mesma maneira que trabalhamos na base do corpo, vamos utilizar as medidas de cintura e quadril divididas por 2 (dois), às quais chamaremos de semicintura e semiquadril, respectivamente.

TRAÇADO DA BASE DA CALÇA

Semicintura = 42 cm

Semiquadril = 50 cm

Comprimento da calça = 110 cm

Importante: Na sequência do traçado, as medidas que aparecem escritas entre parênteses correspondem ao tamanho 42 (semicintura = 42 cm). As demais medidas, que não estão entre parênteses, servem para todos os tamanhos da tabela.

Traçar o retângulo base com largura igual à metade do semiquadril − 0,5 cm (24,5 cm) e altura igual ao comprimento da calça (110 cm).

Figura 1

A – A1 ← 1/2 do semiquadril – 0,5 cm (24,5 cm)

A – B ↓ comprimento da calça (110 cm)

B – B1 ← = medida A – A1 (24,5 cm)

A1 – B1 ↓ = medida A – B (110 cm)

A – C ↓ altura do gancho = 3/8 do semiquadril + 6,25 cm (25 cm)

A medida da altura do gancho pode ser encontrada na tabela de medidas ou calculada a partir da medida do quadril conforme a fórmula acima.

A1 – C1 ↓ = medida A – C (25 cm)

Ligar os pontos **C** e **C1** com um segmento de reta.

A – D ↓ altura do joelho = 1/2 do comprimento da calça + 8 cm (63 cm)

A medida da altura do joelho também se encontra na tabela de medidas.

A1 – D1 ↓ = medida A – D (63 cm)

Ligar os pontos **D** e **D1** com um segmento de reta.

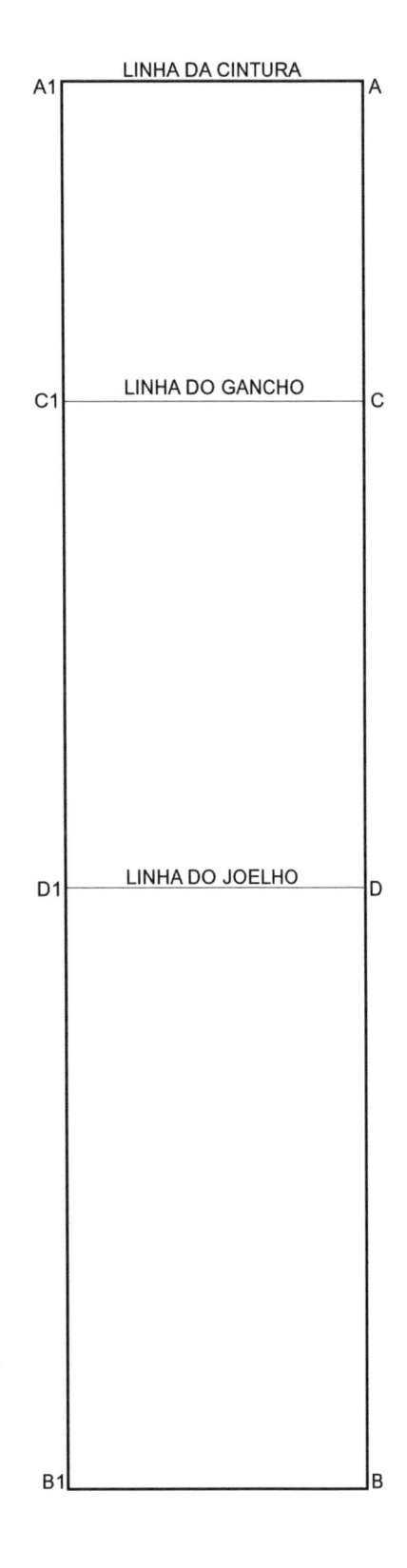

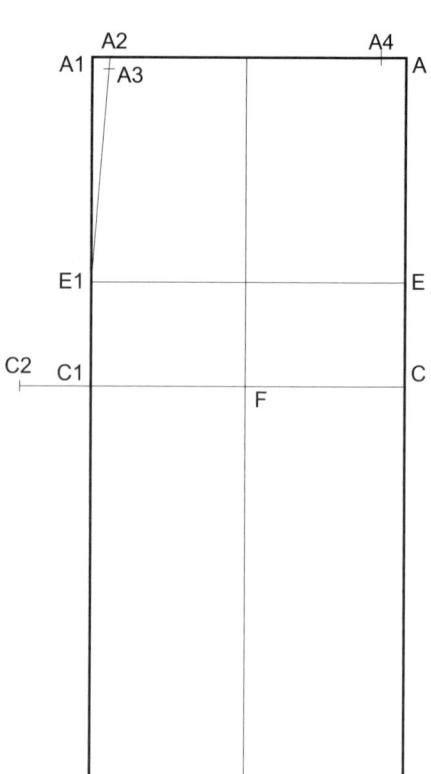

Figura 2

C – E ↑ 1/3 da medida A – C (8,3 cm)
C1 – E1 ↑ = medida C – E (8,3 cm)

Ligar os pontos E e E1 com um segmento de reta.

A1 – A2 → 1,5 cm

Ligar os pontos A2 e E1, com um segmento de reta.

A2 – A3 ↙ 1 cm
A2 – A4 → 1/2 da semicintura (21 cm)

Prolongar, a partir do ponto C1, para a esquerda, a linha C – C1.

C1 – C2 ← 1/10 do semiquadril (5 cm)
C – F ← 1/2 da medida C – C1 (12,25 cm)
D – F1 ← = medida C – F (12,25 cm)

Traçar uma vertical passando pelos pontos F e F1 desde a linha da cintura até a linha da barra, determinando o ponto F2, conforme Figura 2. Essa linha é o eixo de equilíbrio da perna da calça e corresponde à linha do fio no tecido.

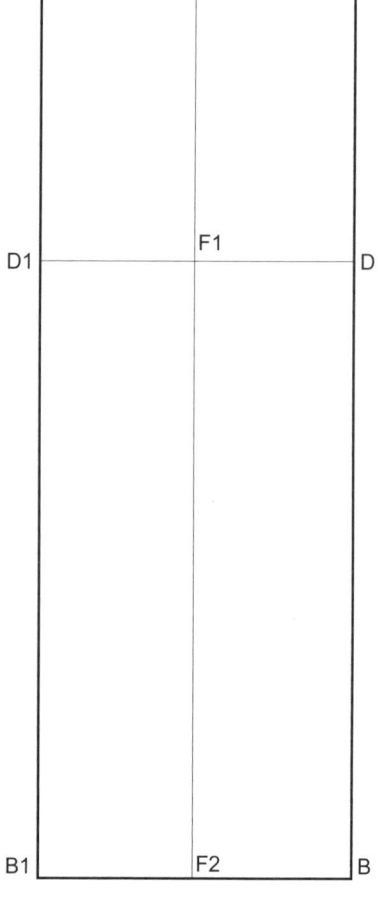

Figura 3

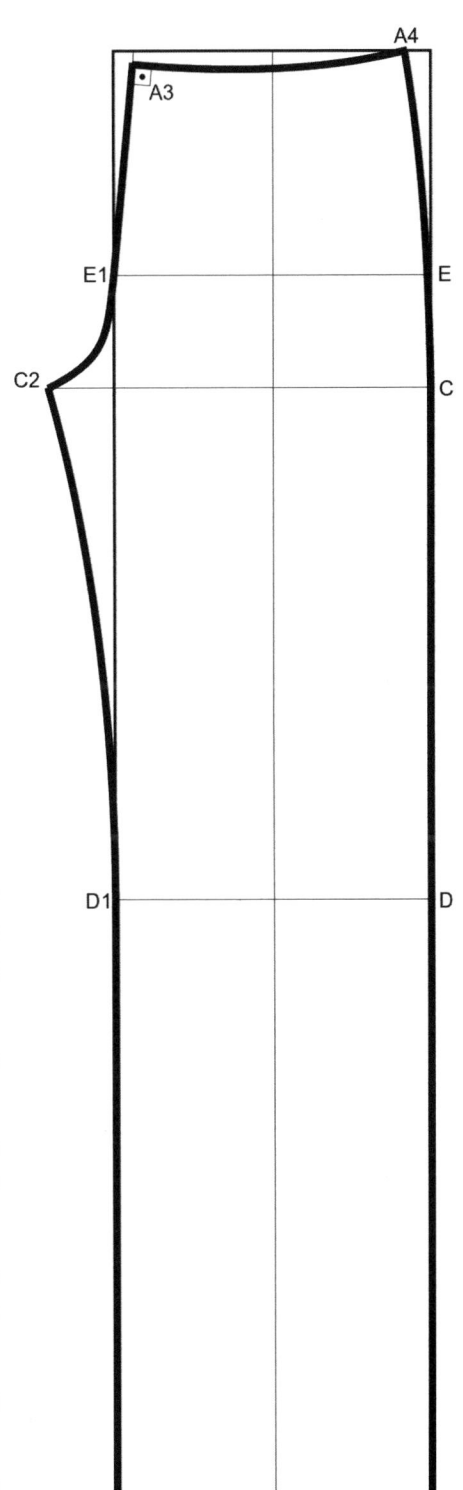

Ligar os pontos **A3** e **A4**, em curva, formando a linha da cintura. O início da curva no ponto **A3** deve formar um ângulo reto com a linha **A3 – E1** (centro da frente).

Ligar os pontos **A4** e **C**, em curva, formando a curva lateral do quadril.

Ligar os pontos **E1** e **C2**, em curva, concordando em **E1** com a linha **A3 – E1**, formando a linha do gancho.

Ligar os pontos **C2** e **D1**, em curva, concordando em **D1** com a linha **D1 – B1**, formando a linha da costura da entreperna.

Definir o contorno da parte da frente da base da calça, conforme Figura 3.

Importante: a forma e a largura da perna da calça serão definidas posteriormente de acordo com o modelo escolhido. Por isso, na base, vamos manter a perna reta com a largura do retângulo base do traçado.

Figura 4

A parte das costas é traçada a partir da construção da frente. Para isso vamos manter os pontos do traçado e desenhar o contorno da frente em linha tracejada.

A1 – A5 → 1/10 do semiquadril (5 cm)

Ligar os pontos – **C1 e A5** em linha reta e prolongar, determinando o ponto **E3**, conforme Figura 4.

A5 – A6 ↗ 1/10 do semiquadril – 0,5 cm (4,5 cm)

Prolongar a linha **A1 – A4** para a direita.

A6 – A7 ↘ 1/2 da semicintura + 2 cm (23 cm)

Para marcar o ponto **A7** posicionar o zero da régua no ponto **A6** e girá-la até o 23 tocar o prolongamento da linha **A1 – A4**. O acréscimo e 2 cm na medida da cintura corresponde à profundidade da pence.

A6 – P ↘ 1/2 da medida **A6 – A7** (11,5 cm)

Esquadrar no ponto **P** e marcar a altura da pence com 10 cm.

P – P1 ↙ 10 cm
P – P2 ↘ 1 cm
P – P3 ↖ 1 cm

Desenhar a pence conforme Figura 4.

A largura da perna na parte das costas deve ser 4 cm maior que a da parte da frente. Marcar 2 cm para cada lado na barra e no joelho.

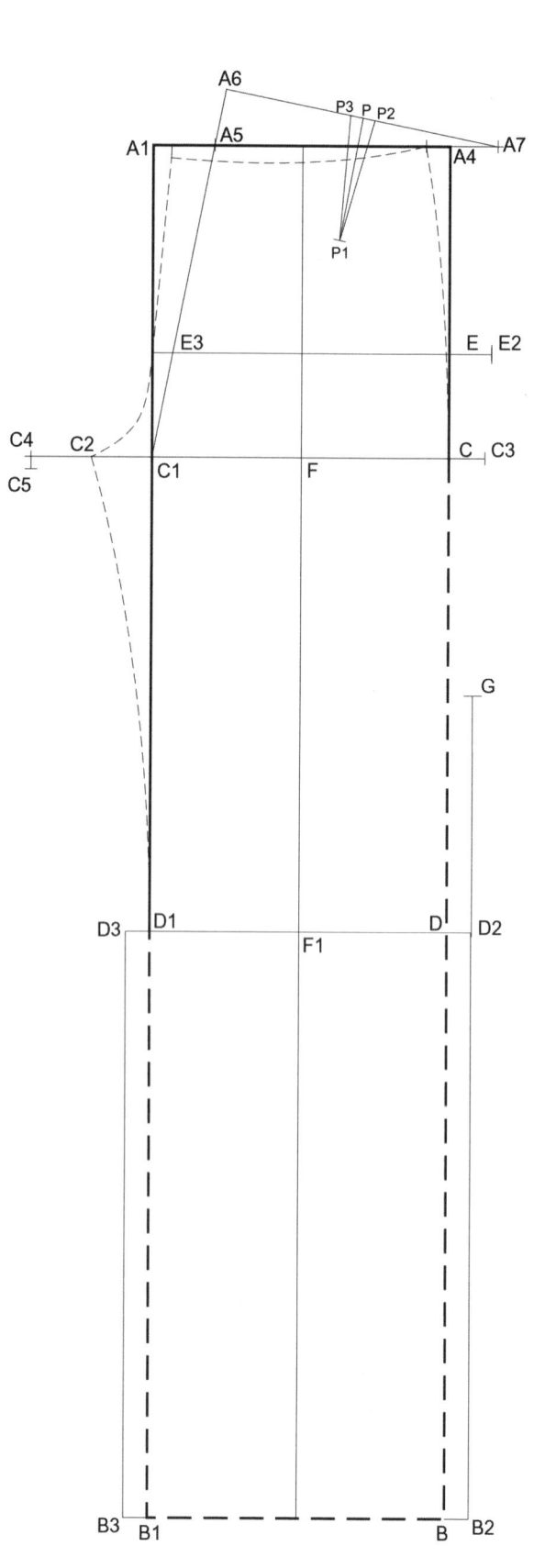

B – B2 → 2 cm
D – D2 → 2 cm

Ligar **B2** a **D2** em linha reta e prolongar.

D2 – G ↑ 1/2 da medida **D – C**
B1 – B3 ← 2 cm
D1 – D3 ← 2 cm

Ligar **B3** a **D3** com um segmento de reta.

C – C3 → 3 cm
E – E2 → 3,5 cm
C2 – C4 ← = medida **C1 – C2** (5 cm)
C4 – C5 ↓ 1 cm

Figura 5

Ligar os pontos **A7**, **E2** e **C3** com uma curva suave e em seguida ligar os pontos **C3** e **G** com uma curva contrária à curva **A7 – E2 – C3**, conforme Figura 5.

Traçar a linha do gancho ligando em curva os pontos **C5** e **E3**, concordando no ponto **E3** com a linha que vem de **A6**. Observar na Figura 5 que parte dessa curva é paralela à linha do gancho da frente que está representada em linha tracejada.

Ligar os pontos **C5** e **D3** em curva, concordando em **D3** com a linha **B3 – D3** formando a linha da costura da entreperna.

Para traçarmos a linha da cintura, fechamos a pence, dobrando a linha **P3 – P1** sobre a linha **P2 – P1** e ligamos em curva os pontos **A6** e **A7**. A curva deve começar no ponto **A6** formando um ângulo reto com a linha **A6 – E3** (centro das costas).

Definir o contorno da parte das costas da base da calça, como na Figura 5.

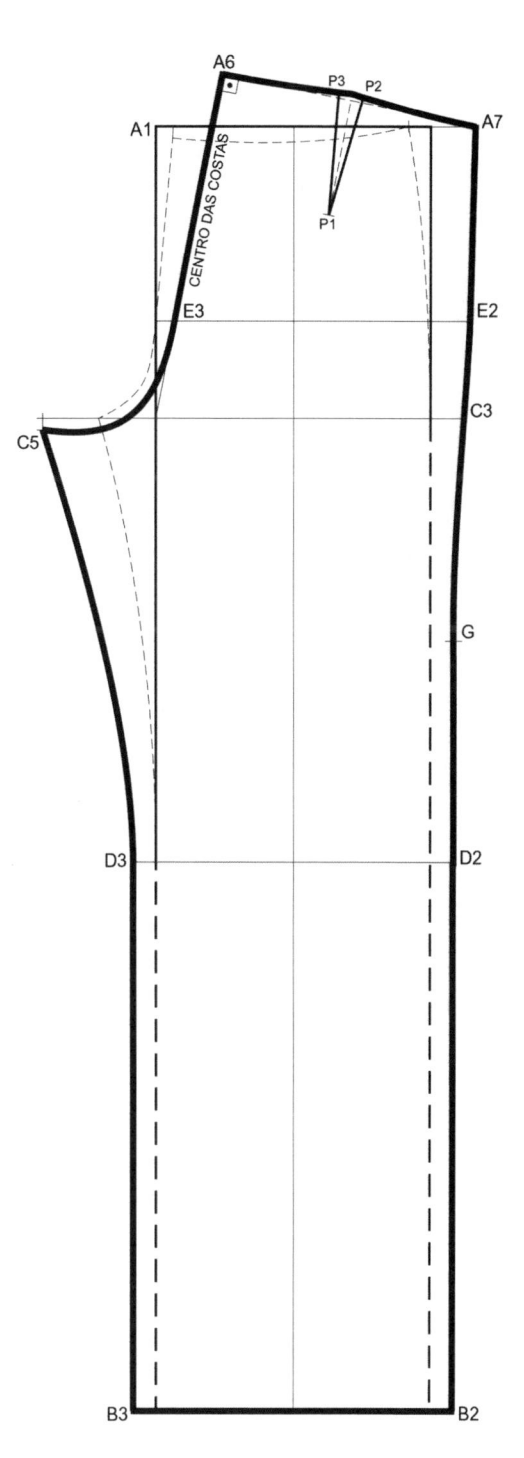

Figura 6

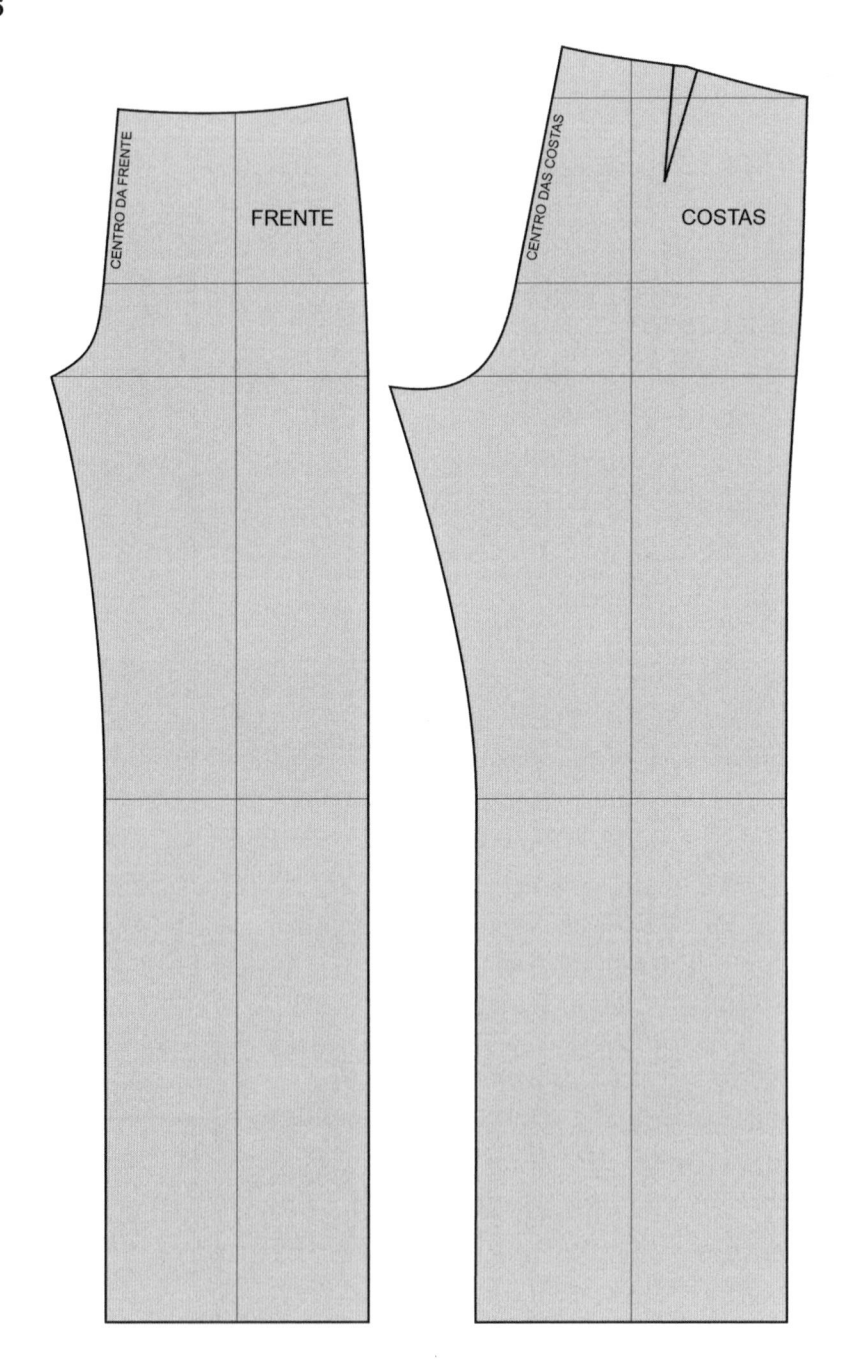

Separar as partes da frente e das costas da base da calça, de acordo com a Figura 6.

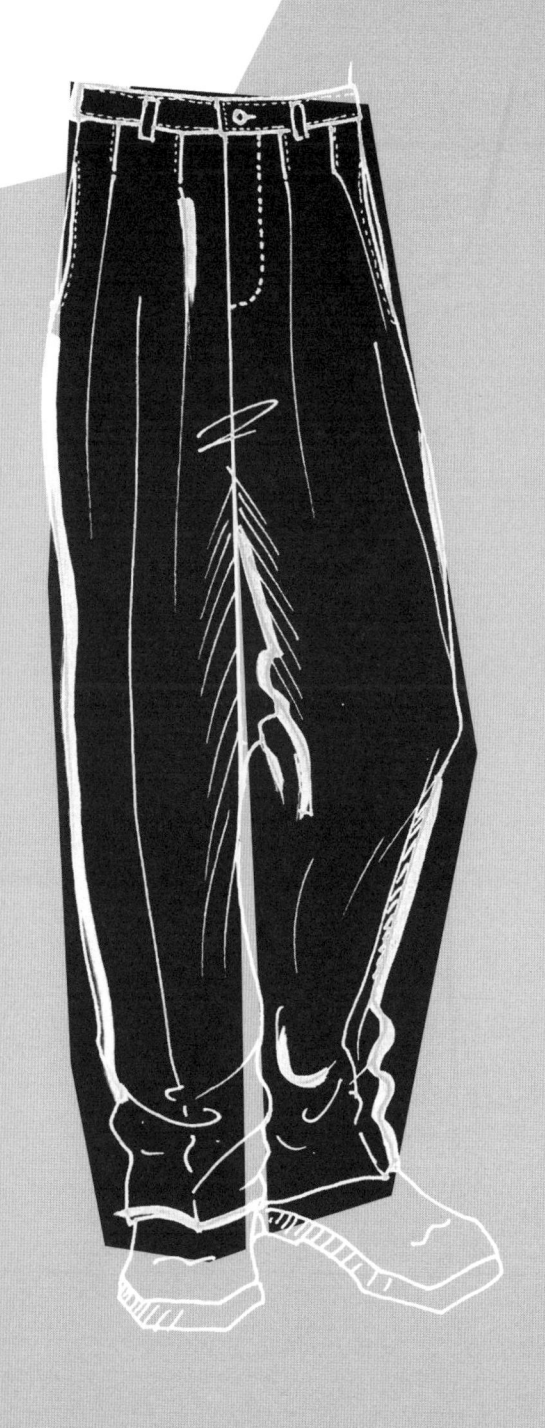

CALÇA SOCIAL

CALÇA SOCIAL

Calça tamanho 42 com duas pregas frontais de cada lado na cintura, bolsos dianteiros na costura lateral, bolsos traseiros embutidos com dois vivos.

Figura 1

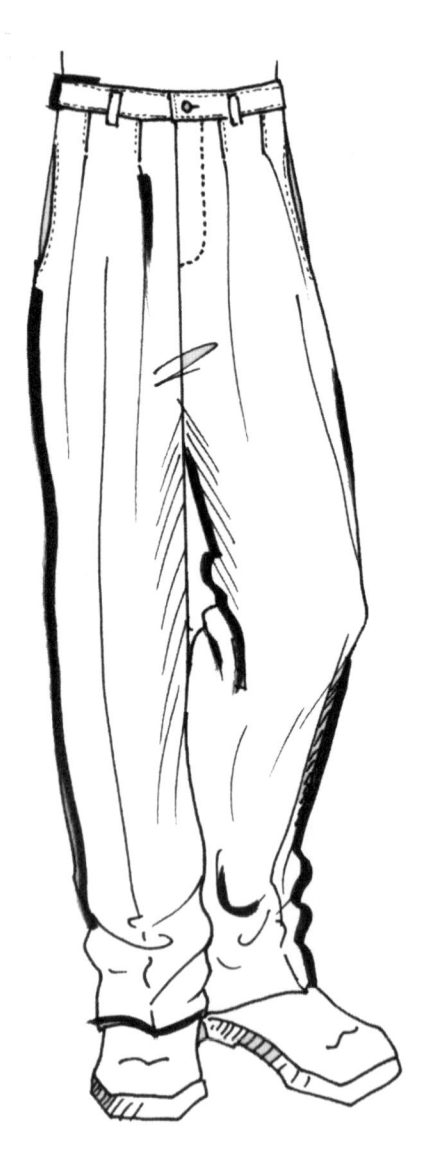

INTERPRETAÇÃO A PARTIR DA BASE DA CALÇA

Semicintura = 42 cm

Rebaixamento da linha da cintura = 3 cm

Profundidade das pregas da cintura = 4 cm cada uma

Folga total no quadril = 4 cm

Largura do cós = 4 cm

Largura da boca = 22 cm

Frente

Figura 2

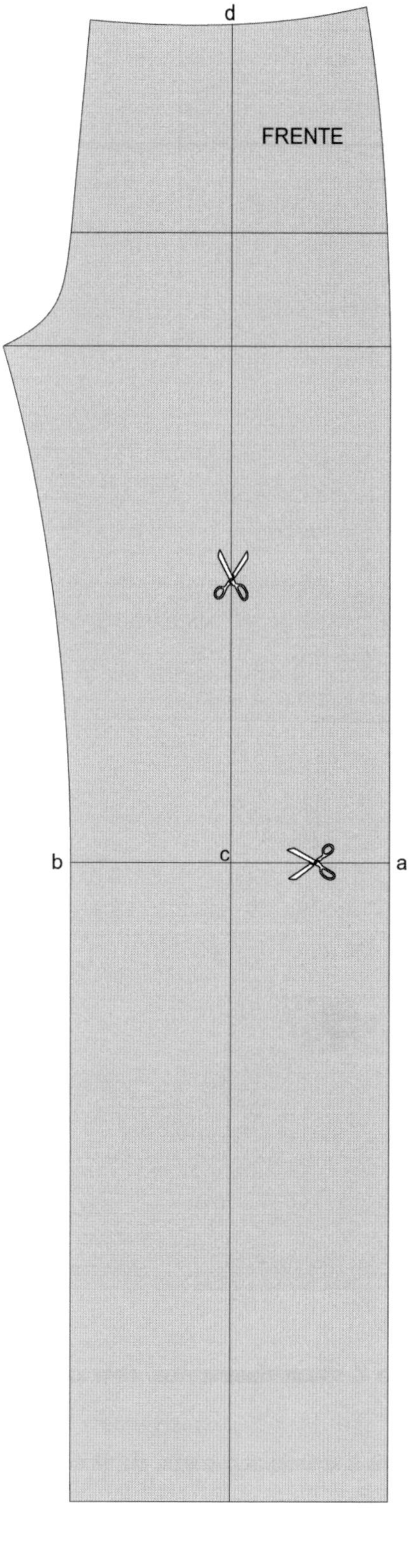

Copiar a base da frente da calça.

Dividir o molde em duas partes recortando na linha **a** – **b** (linha do joelho).

A seguir dividir a parte superior em duas partes, também, pela linha **c** – **d** (eixo de equilíbrio).

Figura 3

Para criarmos as pregas na cintura, precisamos aumentar a largura do molde na parte de cima o correspondente à profundidade das duas pregas, isto é, 8 cm (2 cm x 4 cm). Esse valor deve ser aumentado uma parte (5 cm) na linha do eixo da frente e o restante (3 cm) na lateral.

Posicionar o molde, conforme Figura 3, mantendo as três partes unidas nos pontos **a** e **b** e afastando as duas partes de cima no ponto **d**.

d – d1 → 3 cm
d – d2 ← 2 cm
d3 – d4 → 3 cm

Em seguida marcar a quarta parte da folga no quadril, isto é, 1 cm.

e – e1 → 1 cm

Quando alargamos a calça, é necessário rebaixarmos o gancho. Para o aumento de 8 cm de pregas, podemos rebaixar o gancho em 2 cm.

f – f1 ↓ 2 cm
f1 – f2 ← 0,5 cm

A seguir marcar a medida da boca.

g – g1 → 1/2 da largura da boca – 1 cm (10 cm)

g – g2 ← = medida **g – g1** (10 cm)

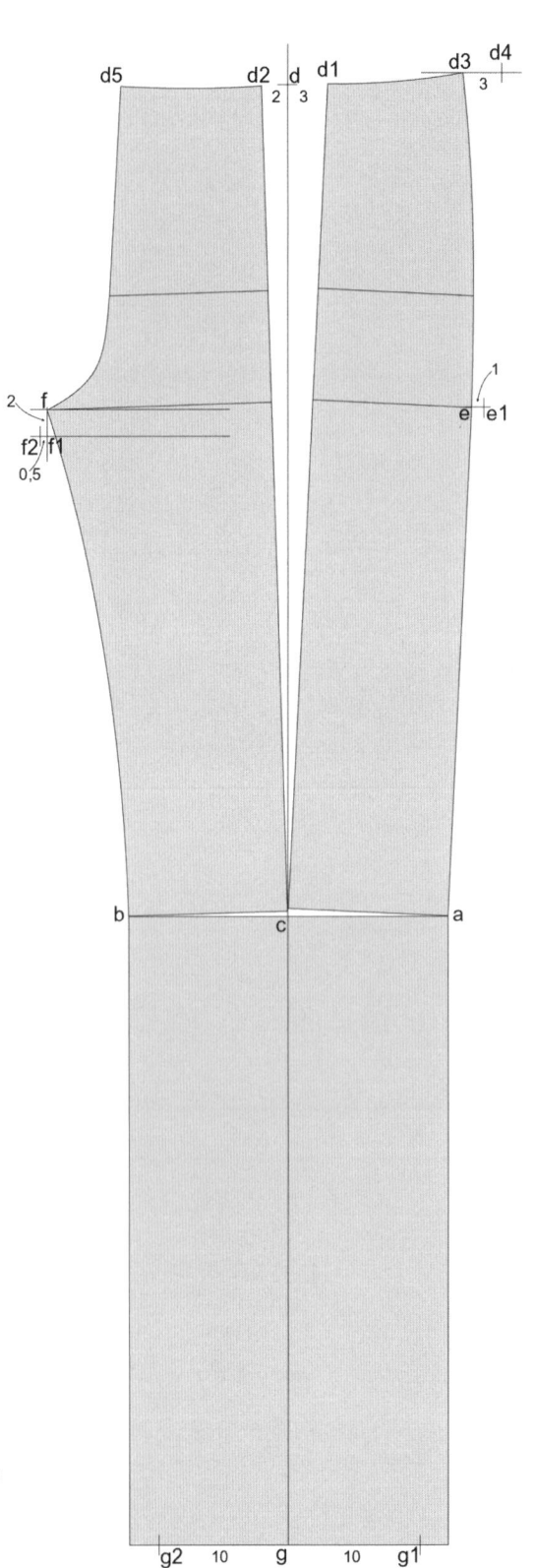

Figura 4

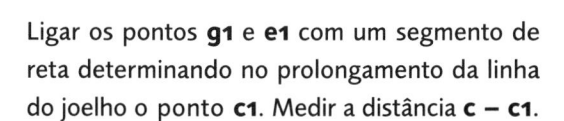

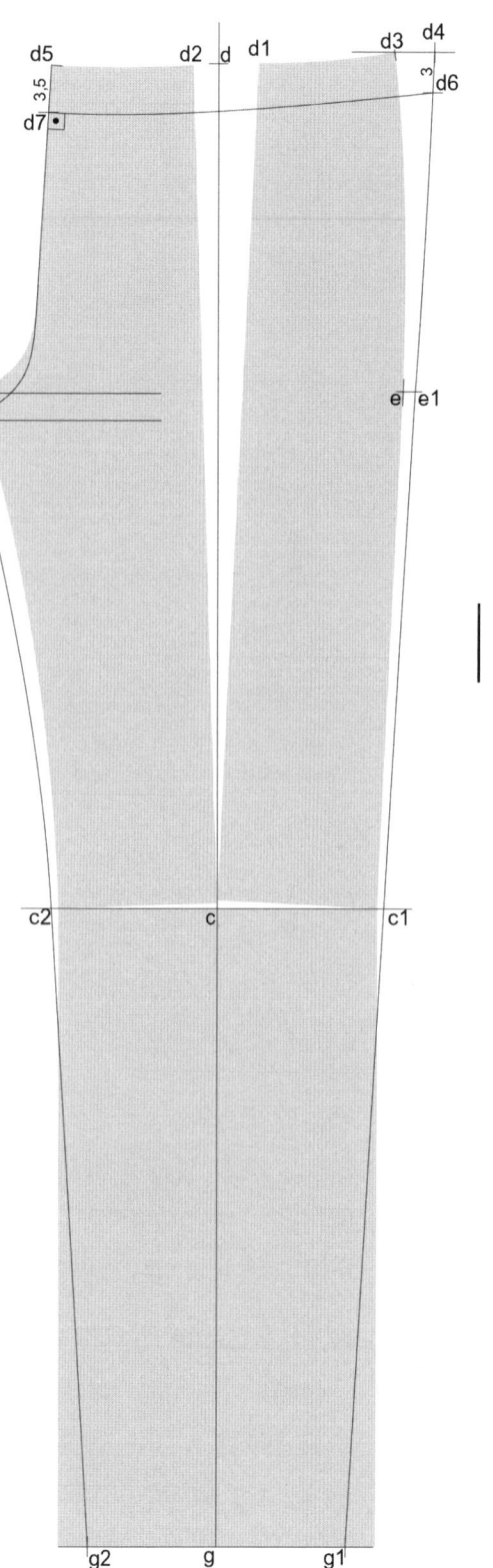

Ligar os pontos **g1** e **e1** com um segmento de reta determinando no prolongamento da linha do joelho o ponto **c1**. Medir a distância **c** – **c1**.

c – **c2** ← = medida **c** – **c1**

Ligar os pontos **g2** e **c2** com um segmento de reta.

Ligar os pontos **e1** e **d4** com uma curva suave.

Traçar a linha do gancho, unindo os pontos **d5** e **f2** como na Figura 4.

Marcar o rebaixamento da cintura.

d4 – **d6** ↓ 3 cm
d5 – **d7** ↓ 3,5 cm

Desenhar a linha da cintura ligando os pontos **d7** e **d6** em curva de modo que forme um ângulo reto com a linha do centro da frente no ponto **d7**, de acordo com a Figura 3.

Figura 5

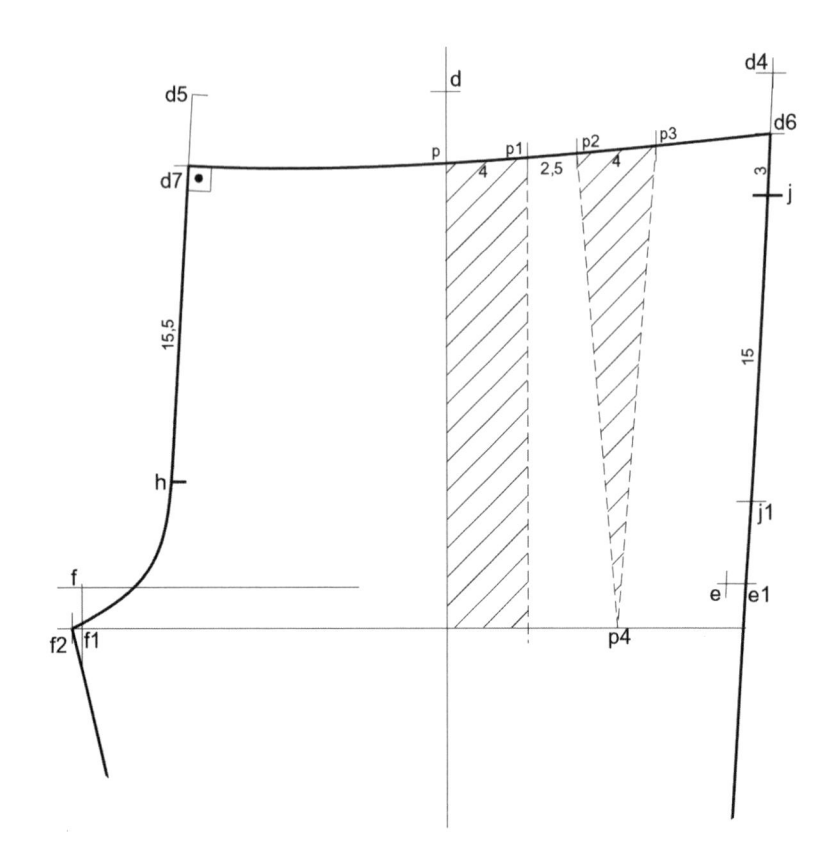

Em seguida marcar a posição das duas pregas, conforme a figura, com 4 cm de profundidade cada uma e distância de 2,5 cm entre elas. A primeira prega coincide com o eixo da frente.

p – p1 → 4 cm
p1 – p2 → 2,5 cm
p2 – p3 → 4 cm

Desenhar as pregas conforme Figura 5, a primeira com os lados paralelos e a segunda na forma de uma pence com o ponto **p4** na altura do gancho rebaixado.

O ponto **h** determina o tamanho da braguilha com a medida do zíper mais 0,5 cm.

d7 – h ↓ medida do zíper + 0,5 cm (15,5 cm)

A abertura do bolso na lateral fica a 3 cm abaixo da linha da cintura e tem 15 cm de comprimento.

d6 – j ↓ 3 cm

j – j1 ↓ 15 cm

Figura 6

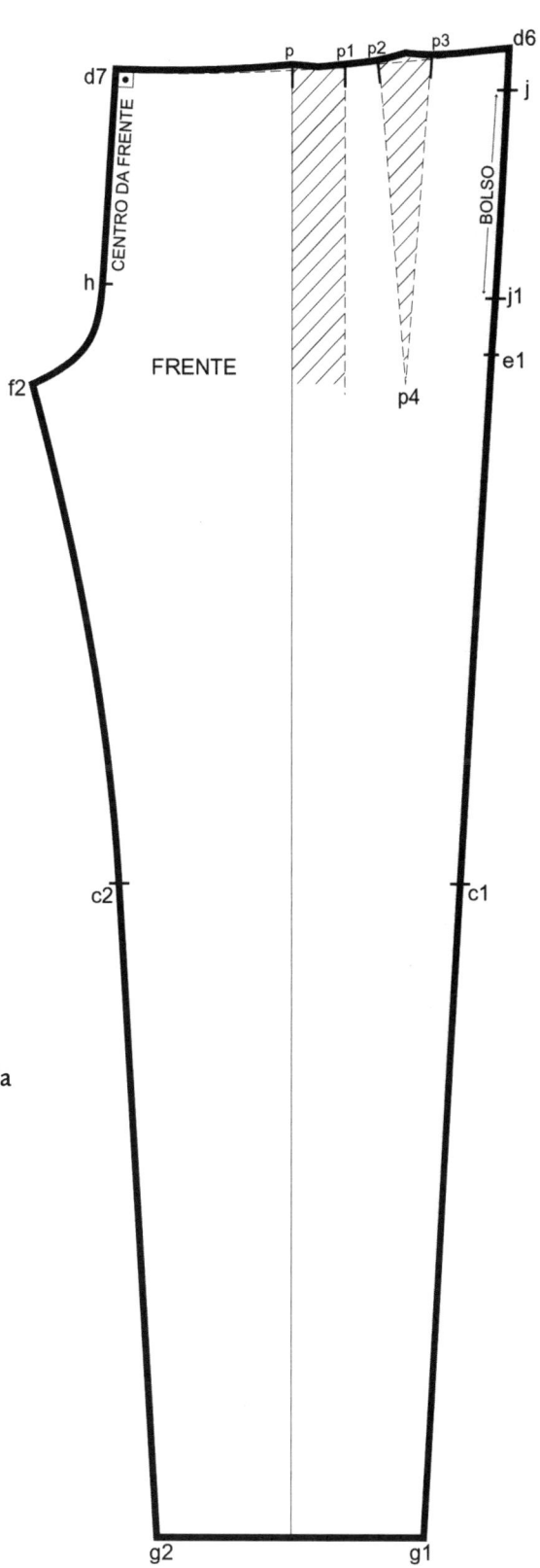

Definir o contorno da parte da frente da calça conforme Figura 6.

Costas

Figura 7

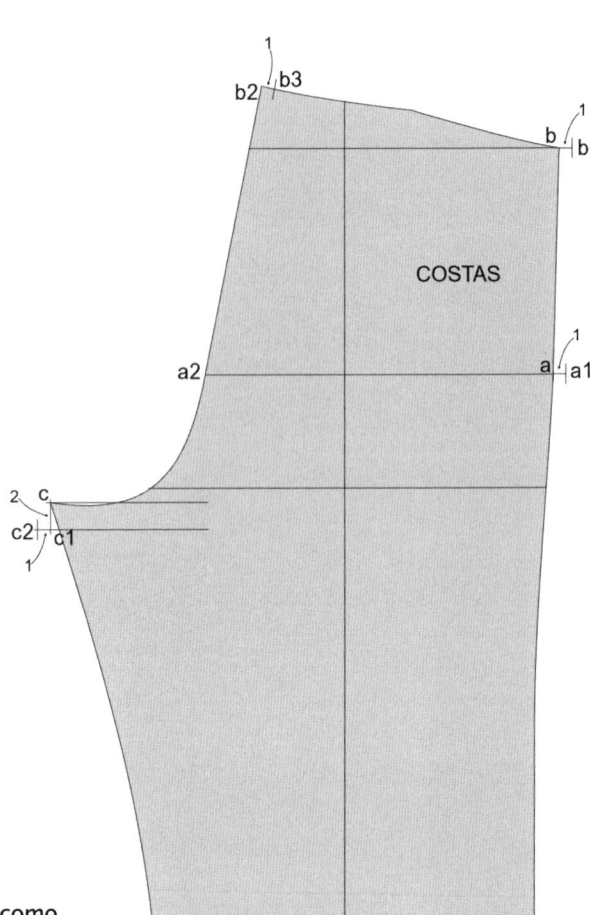

Copiar a base das costas da calça.

Marcar a quarta parte da folga do quadril, como na frente.

a – a1 → 1 cm

Para não acentuar a curva do quadril e manter o tamanho da cintura aumentar a mesma medida na lateral e diminuir no centro das costas.

b – b1 → 1 cm
b2 – b3 → 1 cm

Rebaixar o gancho.

c – c1 ↓ 2 cm
c1 – c2 ← 1 cm

Marcar a medida da boca com 4 cm, no total, maior que a frente.

d – d1 → 12 cm
d – d2 ← 12 cm

Figura 8

Ligar os pontos **d1** e **a1** com um segmento de reta e determinar o ponto **e1** na linha do joelho.

A seguir ligar **a1** a **b1** com uma curva suave concordando em **a1**.

Medir a distância **e** – **e1**.

e – **e2** ← = medida **e** – **e1**

Ligar **d2** e **e2** com um segmento de reta.

Traçar a curva da entreperna unindo os pontos **e2** e **c2**, conforme a Figura 8, concordando no ponto **e2**.

Desenhar a linha do centro das costas ligando em linha reta os pontos **b3** e **a2** e concordar com a curva do gancho unindo **a2** e **c2**, de acordo com a Figura 8.

Marcar o rebaixamento da cintura.

b1 – **b4** ↓ 3 cm
b3 – **b5** ↙ 2,5 cm

Importante: Devemos rebaixar a cintura menos no centro das costas que na lateral para evitar que a calça fique descendo nas costas.

Ligar os pontos **b4** e **b5** em linha reta.

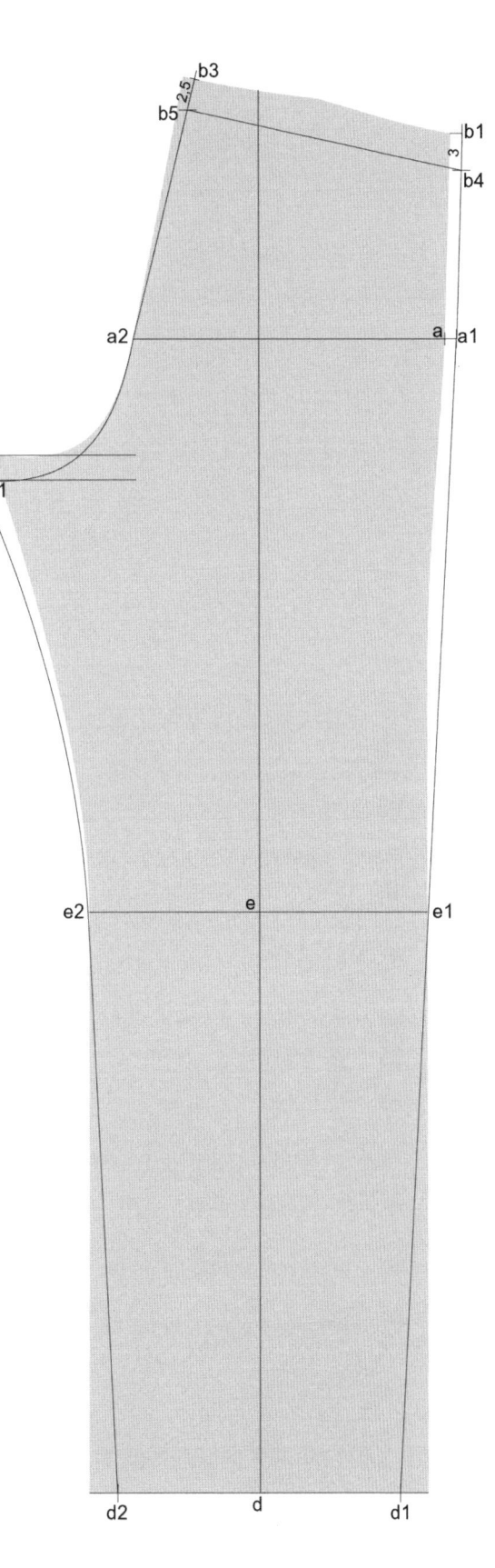

Figura 9

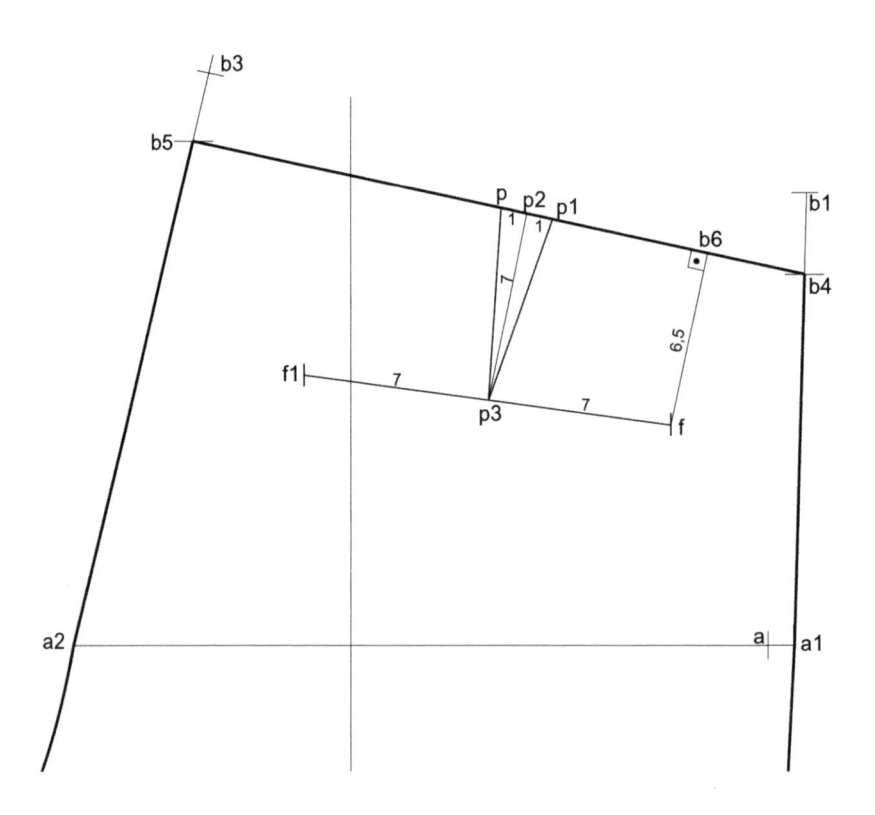

Traçar a pence conforme Figura 9.

b5 – p ↘ 1/2 da medida **b5 – b4**
p – p2 ↘ 1 cm

Esquadrar no ponto **p2** e marcar a altura da pence com 7 cm.

p2 – p3 ↙ 7 cm
p2 – p1 ↘ 1 cm

Ligar os pontos **p** a **p3** e **p1** a **p3** formando a pence.

A seguir traçar a abertura do bolso embutido com 14 cm, conforme Figura 8.

p2 – b6 ↘ metade do tamanho do bolso (7 cm)

Esquadrar no ponto **b6** e marcar a altura da pence – 0,5 cm (6,5 cm).

b6 – f ↙ 6,5 cm

Ligar o ponto **f** ao ponto **p3** prolongando.

f – f1 ↖ 14 cm

Figura 10

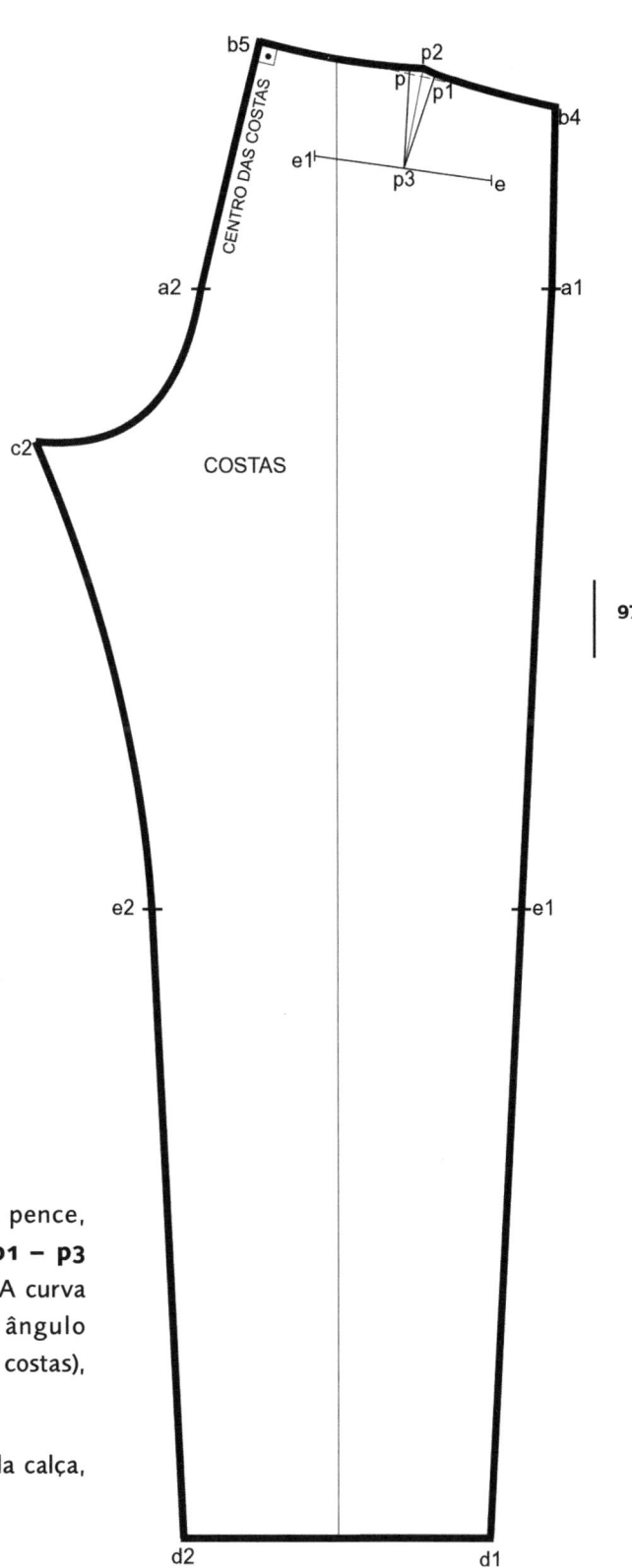

Retraçar a linha da cintura fechando a pence, dobrando a linha **p – p3** sobre a linha **p1 – p3** e ligando em curva os pontos **b5** e **b4**. A curva deve começar no ponto **b5** formando um ângulo reto com a linha **b5 – a2** (centro das costas), conforme a Figura 10.

Definir o contorno da parte das costas da calça, como na Figura 10.

Bolso dianteiro

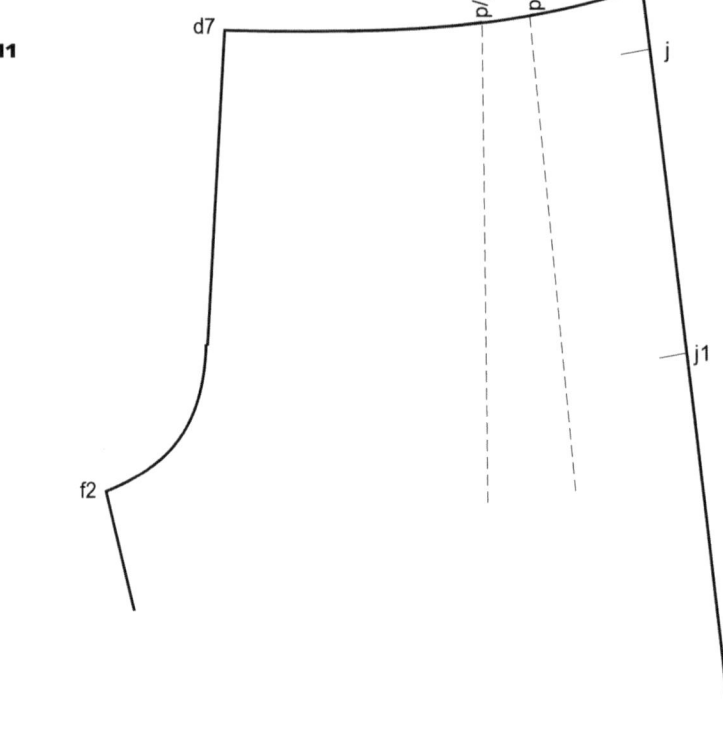

Figura 11

Fechar as pregas no molde da parte da frente, dobrando as áreas marcadas (Figura 5) e copiar o contorno conforme Figura 11.

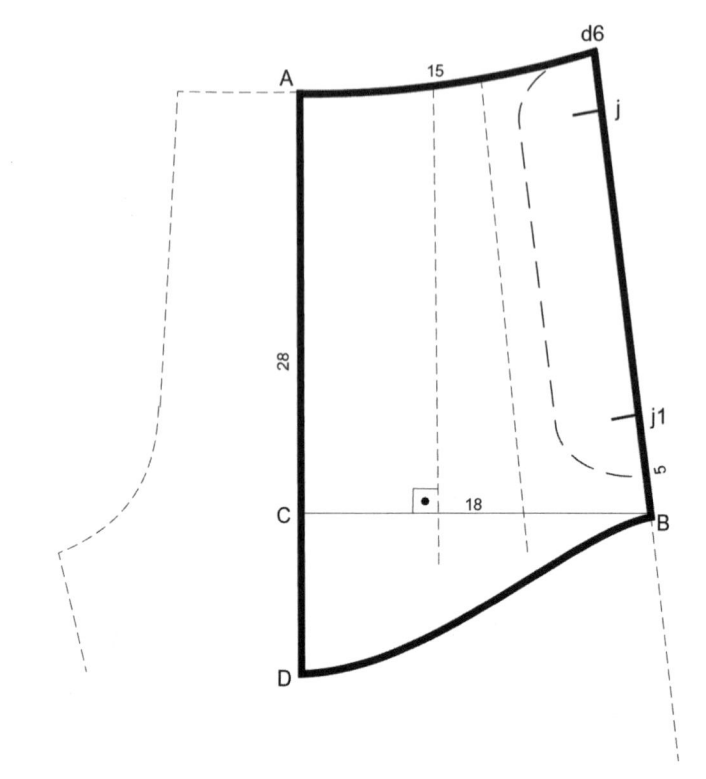

Figura 12

Desenhar o bolso conforme Figura 12.

A linha tracejada na parte lateral do bolso representa a limpeza da abertura, que é cortada no mesmo tecido da calça, enquanto o fundo do bolso é cortado em tecido de forro.

Bolso traseiro

A modelagem do bolso embutido é composta de duas partes: o fundo e o vivo do bolso.

Figura 13

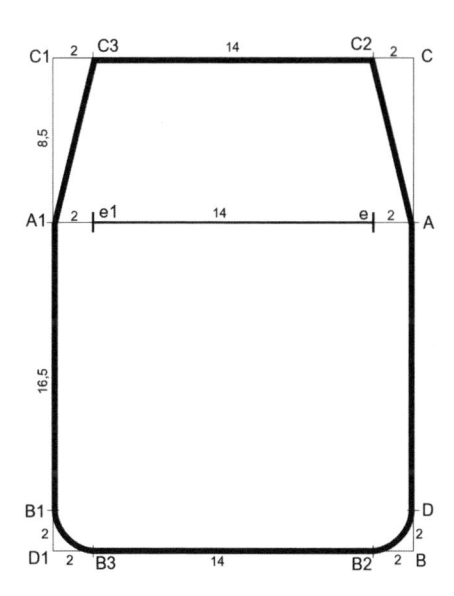

Para o fundo traçar um retângulo com largura igual à abertura do bolso + 4 cm e altura de 25 cm.

Desenhar o fundo do bolso conforme Figura 13.

Figura 14

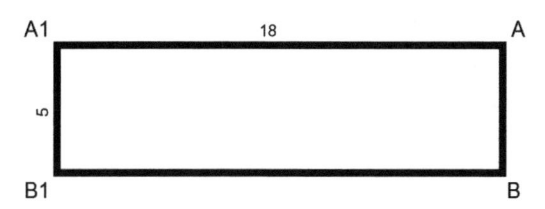

O vivo do bolso é um retângulo com a mesma largura do fundo e altura de 5 cm, conforme Figura 14.

Importante: Já estão incluídas as margens para costura nos moldes do fundo e do vivo do bolso.

Cós, pertingal, braguilha e passadores

Cós – O cós da calça social é geralmente dividido no centro das costas. Por isso traçamos os dois lados separados.

Figura 15

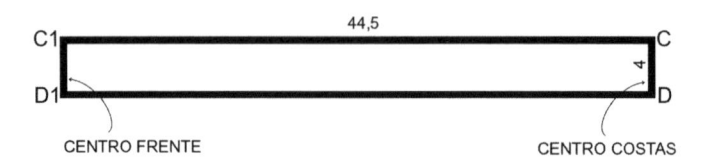

Traçar o cós do lado esquerdo conforme Figura 15, onde **C – C1** é igual à soma das medidas nos moldes da cintura da parte da frente e da parte das costas mais 0,5 cm de folga.

Figura 16

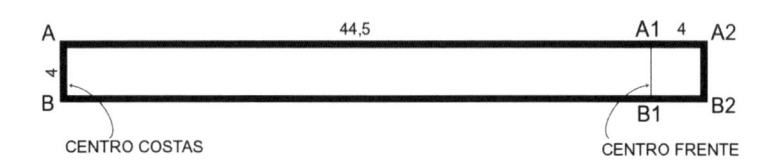

O cós do lado direito é maior que o lado esquerdo 4 cm, por causa do transpasse do pertingal. Desenhar conforme Figura 16.

Pertingal – Traçar um retângulo com largura de 5 cm e altura igual à medida do zíper mais 5 cm (20 cm).

Figura 17

Desenhar o pertingal conforme Figura 17 que, posteriormente, será rebatido pela linha **A1 – C**.

Importante: O molde do pertingal já inclui as margens para costuras.

Figura 18

Braguilha – Traçar um retângulo igual ao que foi traçado para a construção do pertingal.

Desenhar a braguilha conforme Figura 18.

Importante: O molde da braguilha também inclui as margens para costura.

Passadores – Desenhar a tira para os passadores do cós como na Figura 19.

Figura 19

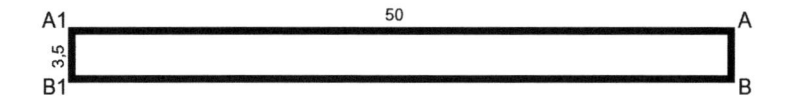

Preparação dos moldes

Após traçarmos todas as partes da calça, vamos preparar os moldes conforme as figuras.

Frente e costas – Marcar a linha do fio do tecido correspondente à linha do eixo.

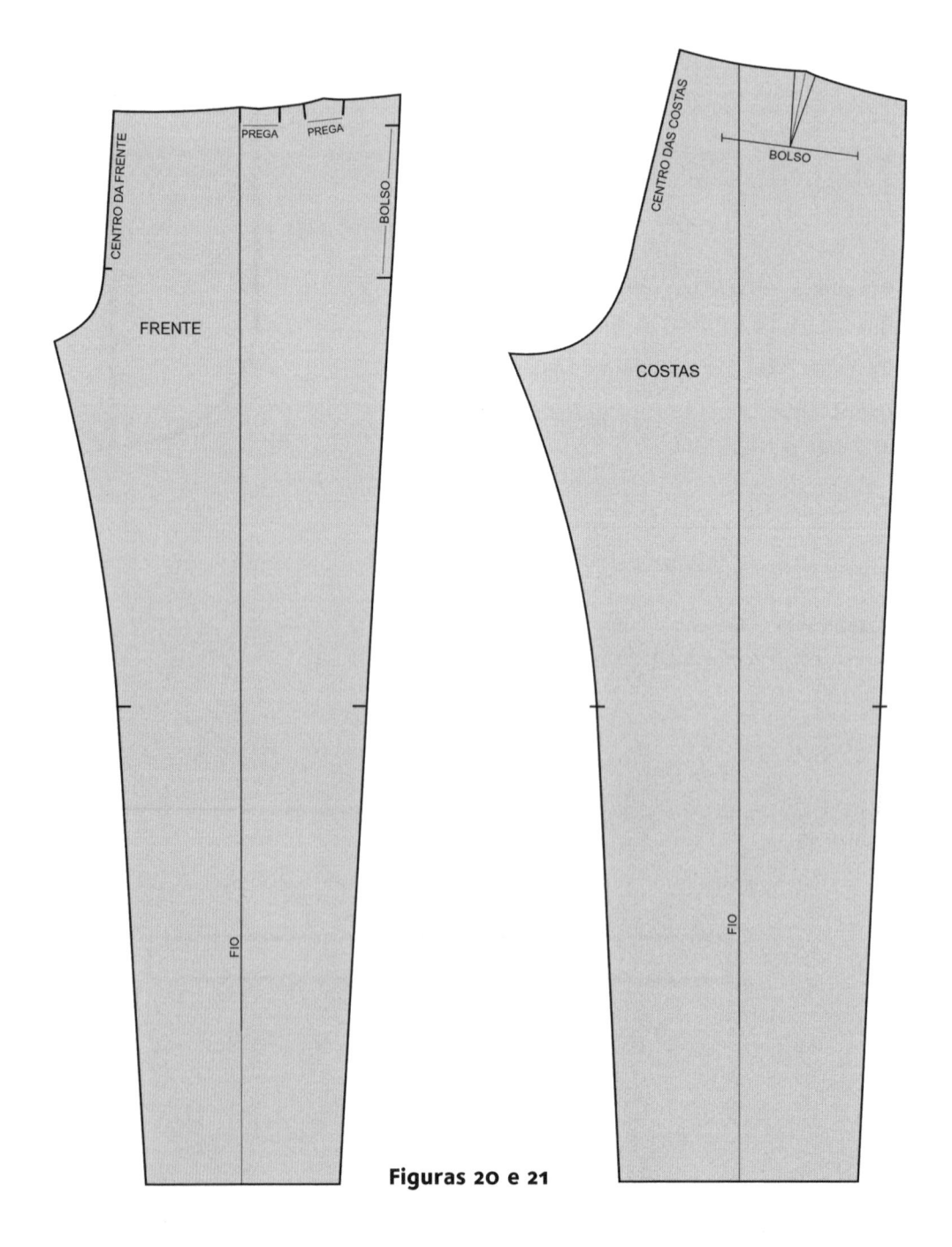

Figuras 20 e 21

Fundo do bolso dianteiro e pertingal – Como os traçados são feitos pela metade, rebater e marcar a linha do fio do tecido conforme Figuras 22 e 23.

Figura 22

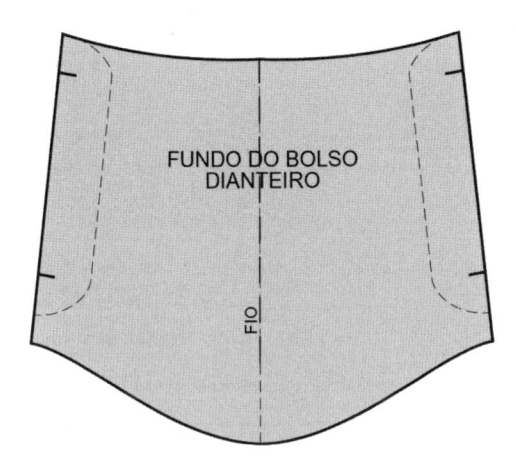

Figura 23

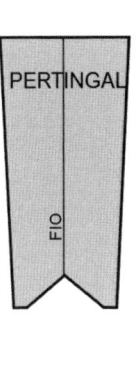

Fundo do bolso traseiro – Marcar o fio do tecido perpendicular à abertura do bolso, como na Figura 24.

Figura 24

Limpeza do bolso, vivo do bolso traseiro, braguilha, cós (lado esquerdo), cós (lado direito) e passadores – Marcar a linha do fio do tecido na direção da maior dimensão do molde conforme as figuras.

Figura 25

Figura 26

Figura 27

Figura 28

Figura 29

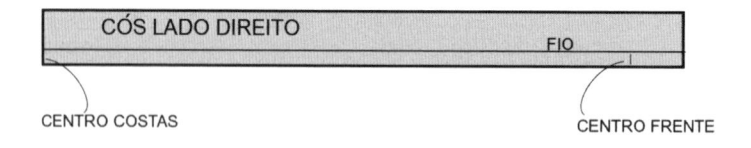

Figura 30

COLOCAÇÃO DAS COSTURAS

Como os moldes foram preparados sem margens para costuras ou bainhas, é necessário acrescentar as costuras. Além disso, temos que fazer as anotações necessárias em cada uma das partes da modelagem, conforme o exemplo dado na camisa social.

Como nas camisas as margens para costuras também variam de acordo com o acabamento ou o tipo de máquina utilizado na montagem da calça, vamos utilizar o padrão mais comum, isto é, costuras com 1 cm de largura.

Frente e costas – Acrescentar 1 cm de costura em toda a volta exceto na bainha que deve ser no mínimo 5 cm, como nas Figuras 31 e 32.

Cortar duas vezes (1 par) cada uma das partes no tecido.

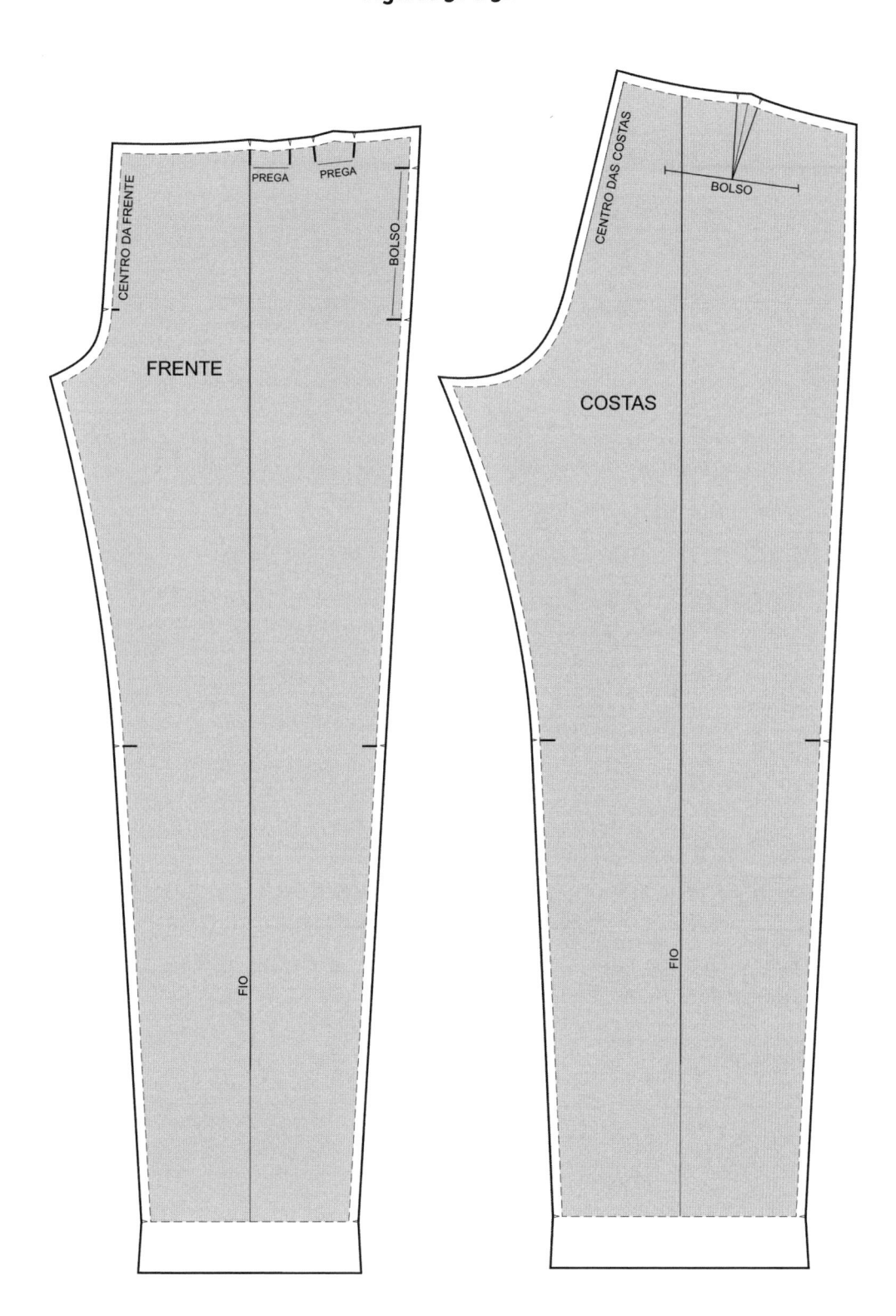

Figuras 31 e 32

Fundo do bolso dianteiro – Acrescentar 1 cm de costura em toda a volta.

Cortar duas vezes no tecido de forro.

Figura 33

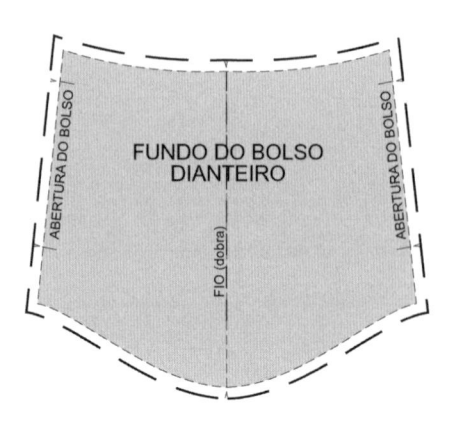

Limpeza do bolso – Acrescentar 1 cm de costura em toda a volta.

Cortar quatro vezes no tecido.

Figura 34

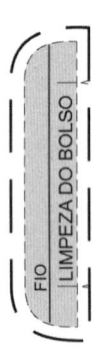

Fundo do bolso traseiro e vivo do bolso traseiro – Correspondem aos moldes que foram traçados. As margens para as costuras já estão incluídas.

Cortar o fundo do bolso duas vezes no tecido e duas vezes no forro. Cortar o vivo do bolso quatro vezes no tecido.

Figura 35

Figura 36

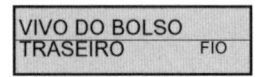

Braguilha e pertingal – Correspondem aos moldes que foram traçados. As margens para as costuras já estão incluídas. Cortar cada um deles uma vez no tecido.

Figura 37

Figura 38

Cós lado direito e cós lado esquerdo – Acrescentar 1,0 cm de costura em toda a volta. Cortar duas vezes, cada um, no tecido.

Figura 39

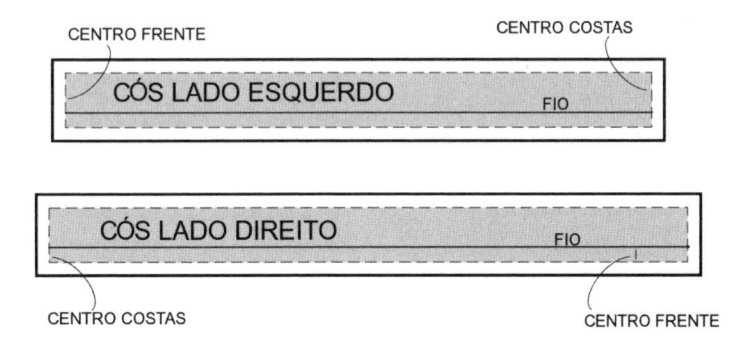

Entretela do cós lado direito e entretela do cós lado esquerdo – Correspondem aos moldes traçados. Cortar uma vez, cada um, na entretela termocolante.

Figura 40

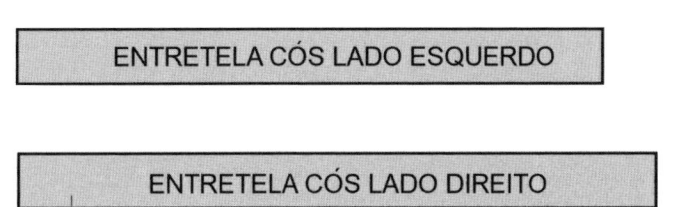

Passadores – Corresponde ao molde traçado. Cortar uma vez no tecido.

Figura 41

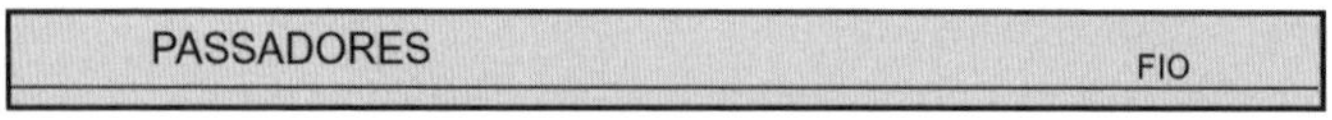

PASSADORES	FIO

Partes componentes da calça social

O conjunto de moldes que compõe a modelagem da calça social pode ser assim resumido:

1 **frente** – 2x (1 par) no tecido

2 **costas** – 2x (1 par) no tecido

3 **pertingal** – 1x no tecido

4 **braguilha** – 1x no tecido

5 **cós lado esquerdo** – 2x no tecido

6 **cós lado direito** – 2x no tecido

7 **passadores** – 1x no tecido

8 **limpeza do bolso dianteiro** – 4x no tecido

9 **vivo do bolso traseiro** – 4x no tecido

10 **fundo do bolso dianteiro** – 2x no forro

11 **fundo do bolso traseiro** – 2x no forro

12 **entretela cós esquerdo** – 1x na entretela

13 **entretela cós direito** – 1x na entretela

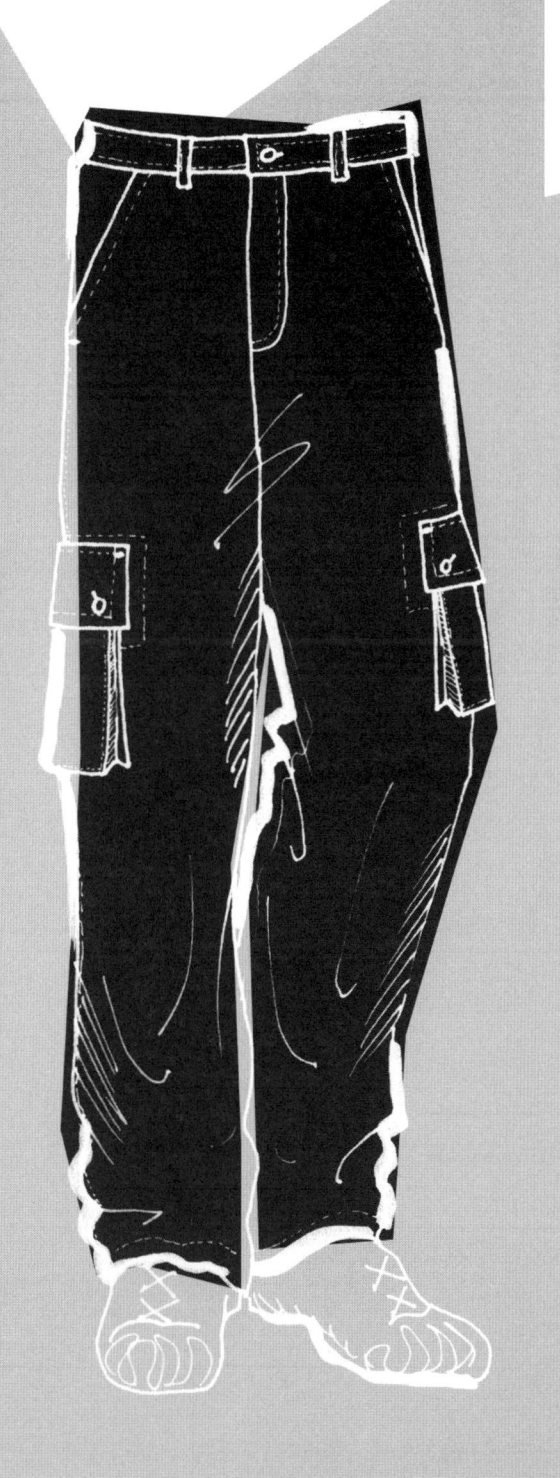

CALÇA ESPORTE

CALÇA ESPORTE (TAMANHO 42)

Calça com bolsos dianteiros tipo faca, bolsos traseiros chapados com tampa e bolsos laterais com fole e tampa.

Figura 1

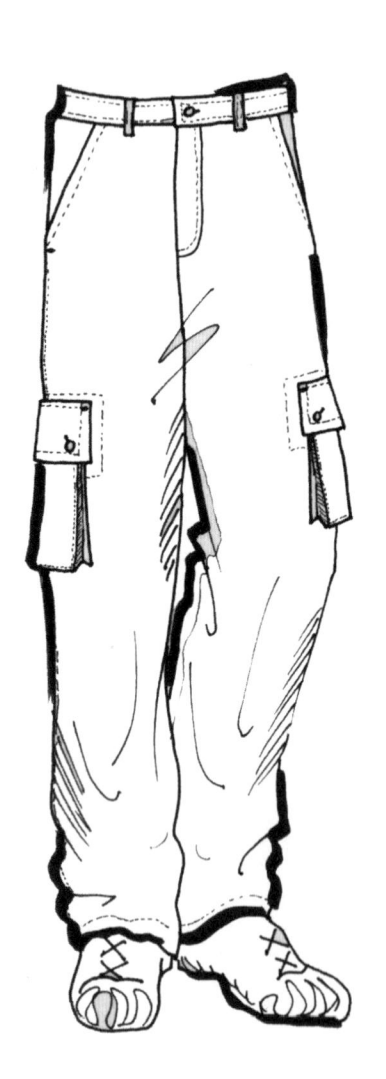

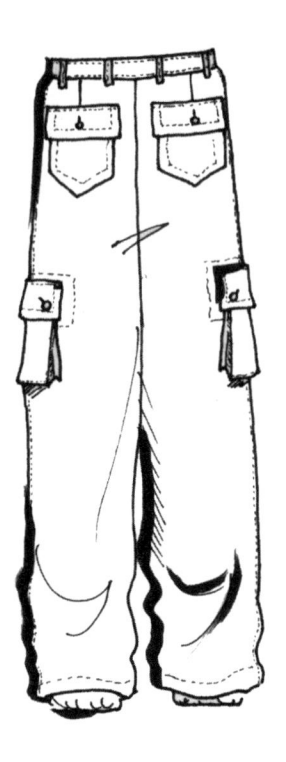

INTERPRETAÇÃO A PARTIR DA BASE DA CALÇA

Semicintura = 42 cm

Rebaixamento da linha da cintura = 3 cm

Folga total no quadril = 4 cm

Largura do cós = 4 cm

Largura da boca = 24 cm

Frente

Figura 2

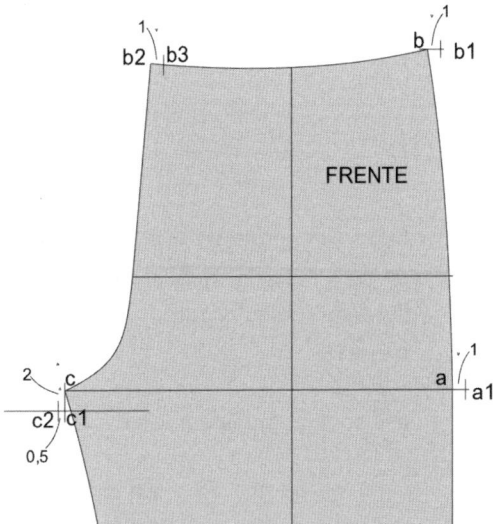

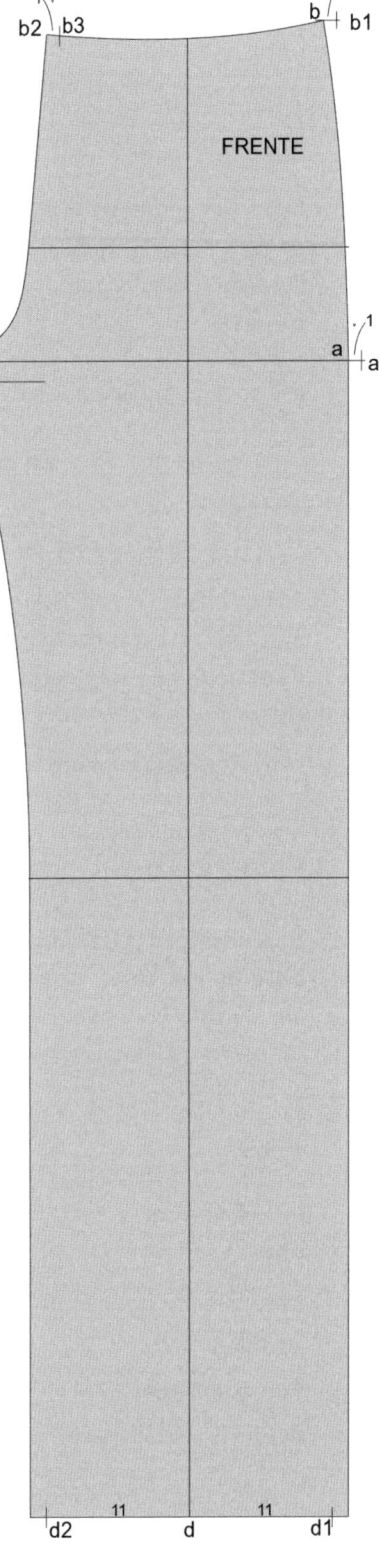

Copiar a base da frente da calça.

Marcar a quarta parte da folga no quadril, isto é, 1 cm.

a – a1 → 1 cm

Para não acentuar a curva do quadril e manter o tamanho da cintura aumentar a mesma medida na lateral e diminuir no centro das costas.

b – b1 → 1 cm
b2 – b3 → 1 cm

Quando alargamos a calça, é necessário rebaixarmos o gancho.

c – c1 ↓ 2 cm
c1 – c2 ← 0,5 cm

A seguir marcar a medida da boca.

d – d1 → 1/2 da largura da boca – 1 cm (11 cm)
d – d2 ← = medida **d – d1** (11 cm)

Figura 3

Ligar os pontos **d1** e **a1** com um segmento de reta determinando no prolongamento da linha do joelho o ponto **e1**. Medir a distância **e – e1**.

e – e2 ← = medida **e – e1**

Ligar os pontos **d2** e **e2** com um segmento de reta.

Ligar os pontos **a1** e **b4** com uma curva suave.

Traçar a linha do gancho, unindo os pontos **c2** e **c3** em curva e concordar com um segmento de reta unindo os pontos **c3** e **b3**, como na Figura 3.

Marcar o rebaixamento da cintura.

b1 – b5 ↓ 4,5 cm
b3 – b4 ↓ 5,0 cm

Desenhar a linha da cintura ligando os pontos **b4** e **b5** em curva de modo que forme um ângulo reto com a linha do centro da frente no ponto **b4**, de acordo com a Figura 3.

Marcar a abertura do bolso dianteiro, conforme a figura.

b5 – f ← 4 cm
b5 – f1 ↓ 15 cm

Determinar a posição da tampa do bolso fole lateral.

f1 – g ↓ 10 cm
g – g1 ← 1/2 da largura do bolso (9 cm)

O bolso fica a 2 cm abaixo da tampa.

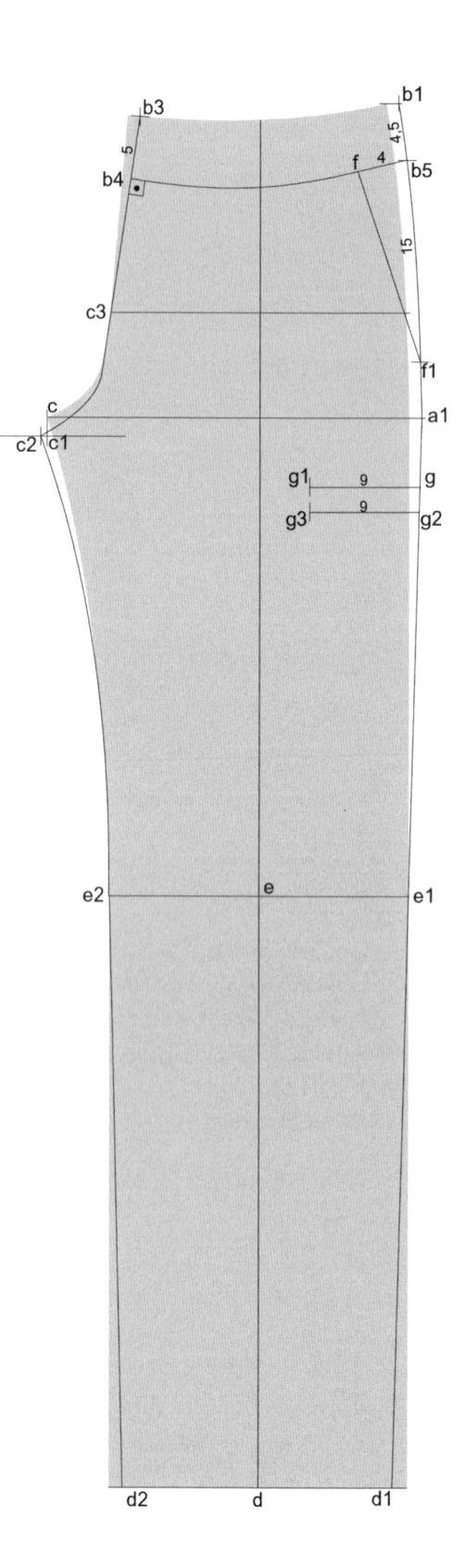

g – g2 ↓ 2 cm
g2 – g3 ← = medida **g – g1** (9 cm)

Figura 4

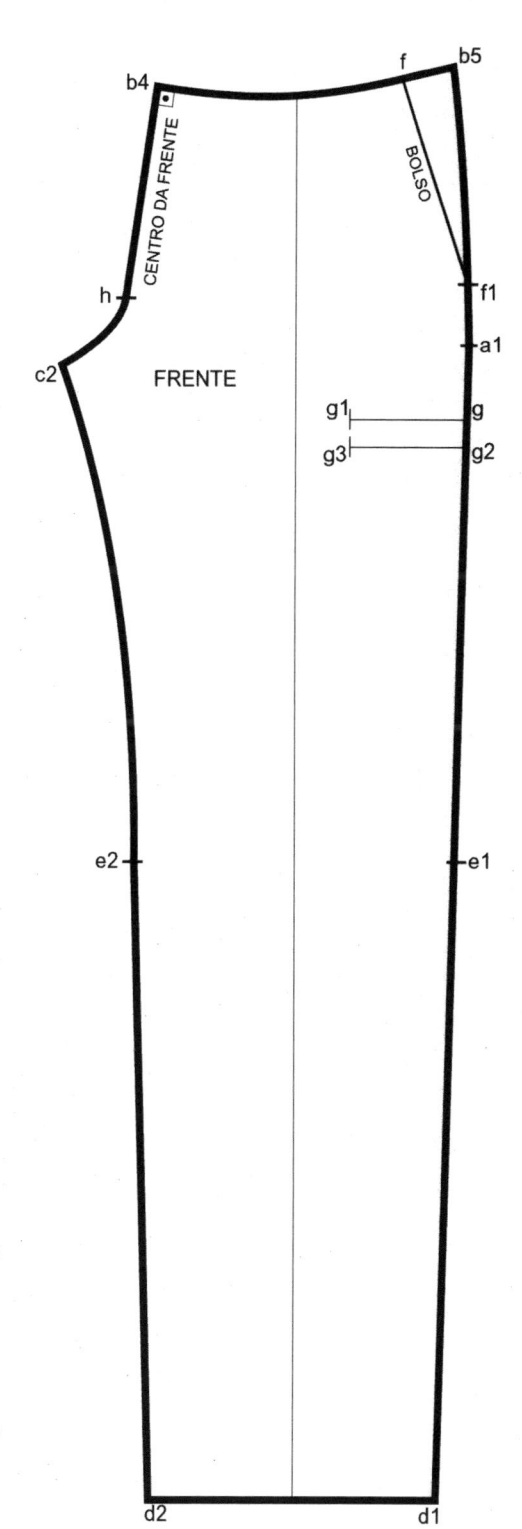

O ponto **h** determina o tamanho da braguilha com a medida do zíper mais 0,5 cm.

b4 – h ↓ medida do zíper + 0,5 cm (15,5 cm)

Definir o contorno da parte da frente da calça conforme Figura 4.

Costas

Figura 5

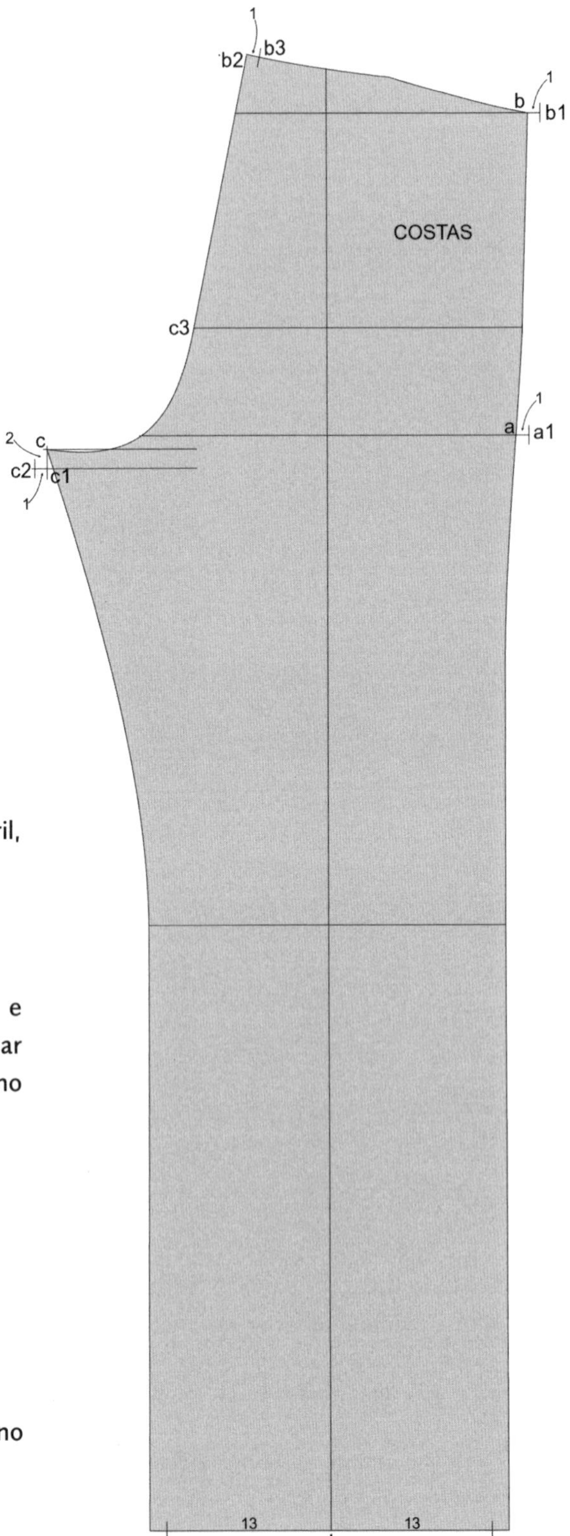

Copiar a base das costas da calça.

Marcar a quarta parte da folga do quadril, como na frente.

a – a1 → 1 cm

Para não acentuar a curva do quadril e manter o tamanho da cintura, aumentar a mesma medida na lateral e diminuir no centro das costas.

b – b1 → 1 cm
b2 – b3 → 1 cm

Rebaixar o gancho.

c – c1 ↓ 2 cm
c1 – c2 ← 1 cm

Marcar a medida da boca com 4 cm, no total, maior que a frente.

d – d1 → 13 cm
d – d2 ← 13 cm

Figura 6

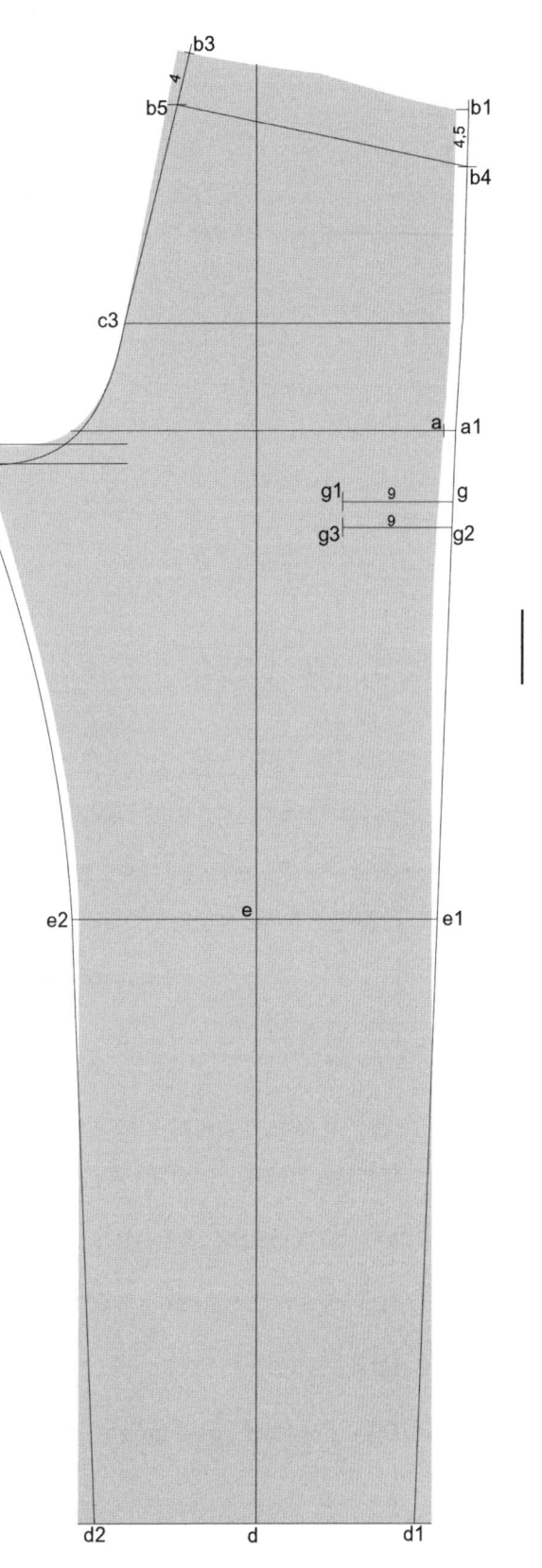

Ligar os pontos **d1** e **a1** com um segmento de reta e determinar o ponto **e1** na linha do joelho.

A seguir ligar **a1** a **b1** com uma curva suave concordando em **a1**.

Medir a distância **e** – **e1**.

e – **e2** ← = medida **e** – **e1**

Ligar **d2** e **e2** com um segmento de reta.

Traçar a curva da entreperna unindo os pontos **e2** e **c2**, conforme Figura 6, concordando no ponto **e2**.

Desenhar a linha do centro das costas ligando em linha reta os pontos **b3** e **c3** e concordar com a curva do gancho unindo **c3** e **c2**, de acordo com a Figura 6.

Marcar o rebaixamento da cintura.

b1 – **b4** ↓ 4,5 cm
b3 – **b5** ↙ 4 cm

Importante: Devemos rebaixar a cintura menos no centro das costas que na lateral para evitar que a calça fique descendo nas costas.

Ligar os pontos **b4** e **b5** em linha reta.

Marcar a posição da tampa do bolso fole lateral de acordo com a marcação da frente, determinando o ponto **g**.

g – **g1** ← 1/2 da largura do bolso (9 cm)

O bolso fica a 2 cm abaixo da tampa.

g – **g2** ↓ 2 cm
g2 – **g3** ← = medida **g** – **g1** (9 cm)

Figura 7

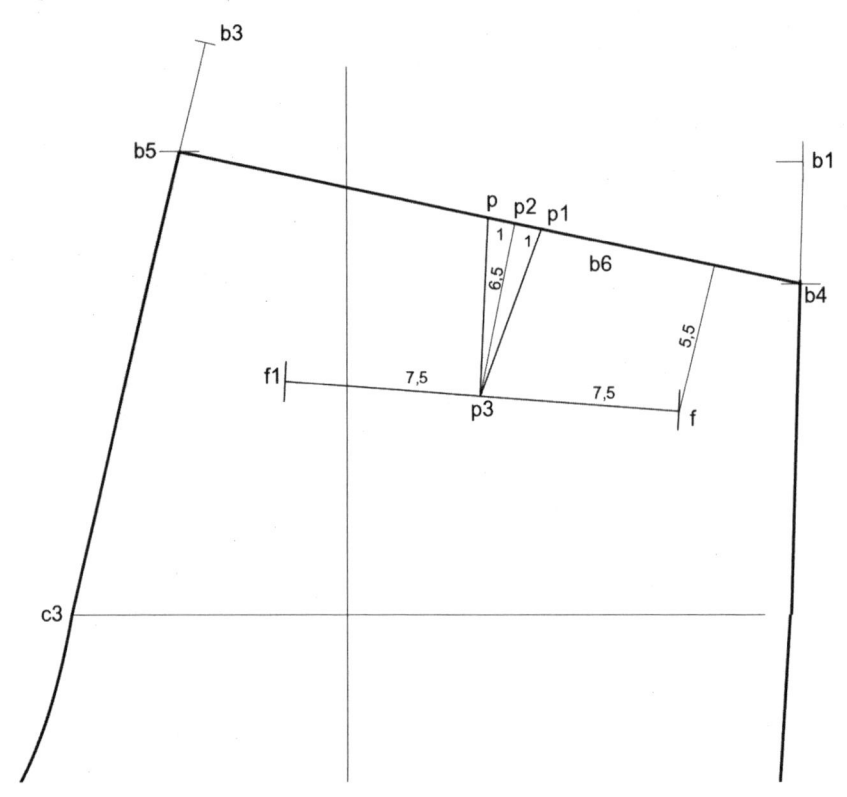

Traçar a pence conforme Figura 7.

b5 – p ↘ 1/2 da medida **b5 – b4**
p – p2 ↘ 1 cm

Esquadrar no ponto **p2** e marcar a altura da pence com 6,5 cm.

p2 – p3 ↙ 6,5 cm
p2 – p1 ↘ 1 cm

Ligar os pontos **p** a **p3** e **p1** a **p3** formando a pence.

A seguir traçar a posição da tampa do bolso chapado com 15 cm, conforme Figura 7.

p2 – b6 ↘ metade do tamanho do bolso (7,5 cm)

Esquadrar no ponto **b6** e marcar a altura da pence – 1 cm (5,5 cm).

b6 – f ↙ 5,5 cm

Ligar o ponto **f** ao ponto **p3** prolongando.

f – f1 ↖ 15 cm

Figura 8

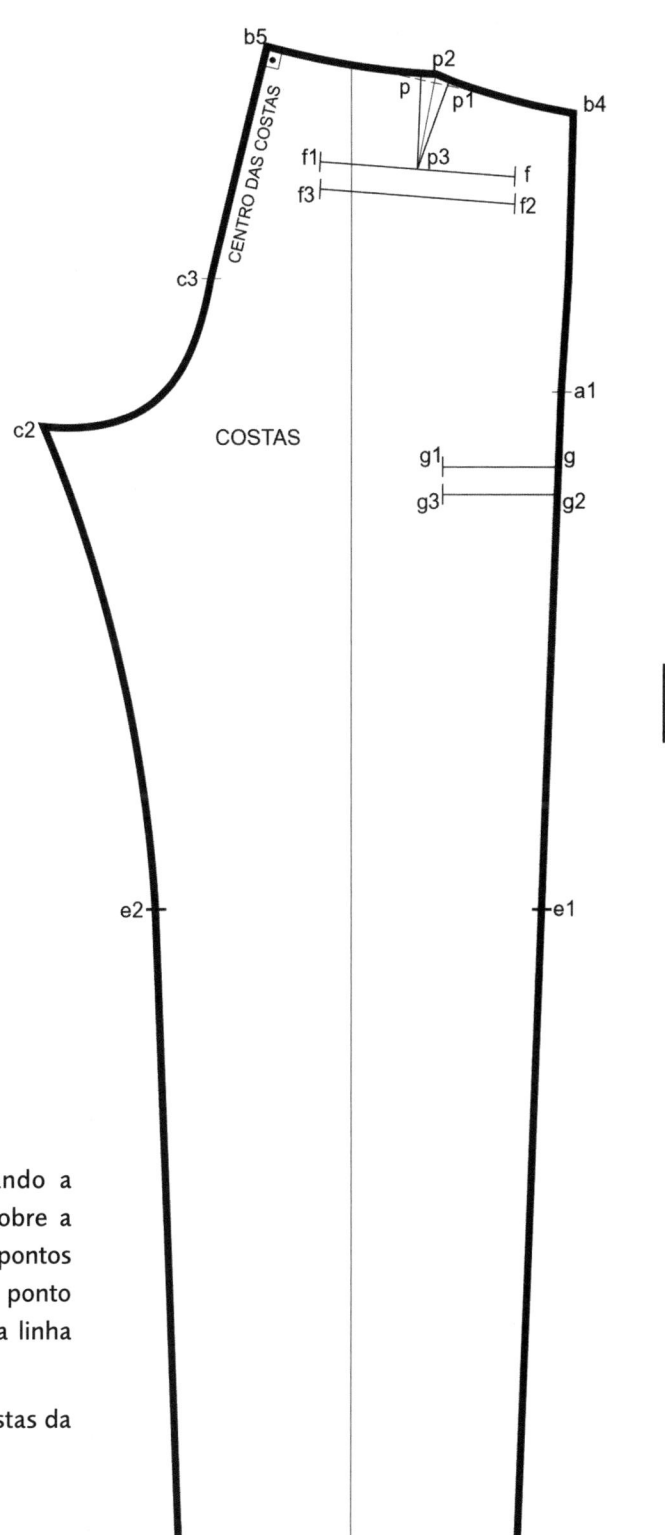

Retraçar a linha da cintura fechando a pence, dobrando a linha **p – p3** sobre a linha **p1 – p3** e ligando em curva os pontos **b5** e **b4**. A curva deve começar no ponto **b5** formando um ângulo reto com a linha **b5 – c3** (centro das costas).

Definir o contorno da parte das costas da calça, como na Figura 8.

Bolso dianteiro

Copiar o contorno da parte de cima do molde da frente da calça e desenhar o bolso conforme Figura 9.

Figura 9

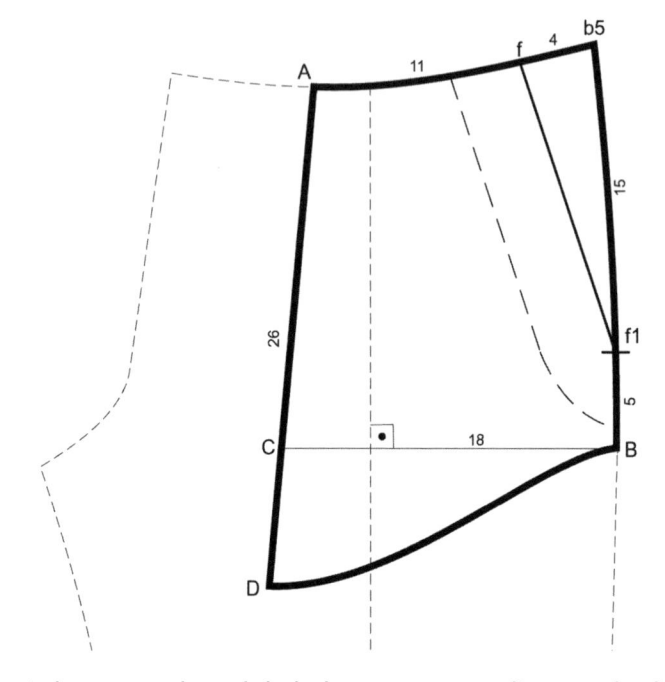

A linha tracejada na parte lateral do bolso representa a limpeza da abertura e o espelho do bolso quando o fundo for cortado em tecido de forro.

Bolso traseiro

A modelagem do bolso chapado com tampa é composta de duas partes: o bolso e a tampa do bolso.

Para o bolso traçar um retângulo com largura igual à largura do bolso (16 cm) e altura igual à altura total do bolso (16,5 cm).

Desenhar o bolso conforme Figura 10.

Figura 10

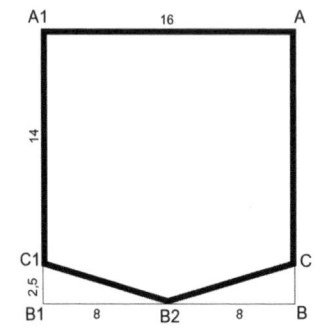

A tampa é um retângulo com a mesma largura do bolso e altura de 6 cm, como na Figura 11.

Figura 11

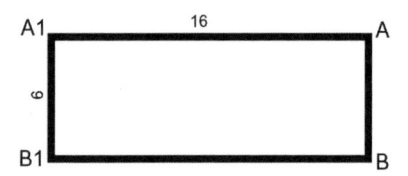

```
A1 ———— 16 ———— A
   |            |
 6 |            |
   |            |
B1 ———————————— B
```

Bolso fole lateral

A modelagem do bolso fole com tampa é composta de duas partes: o bolso e a tampa do bolso.

Figura 12

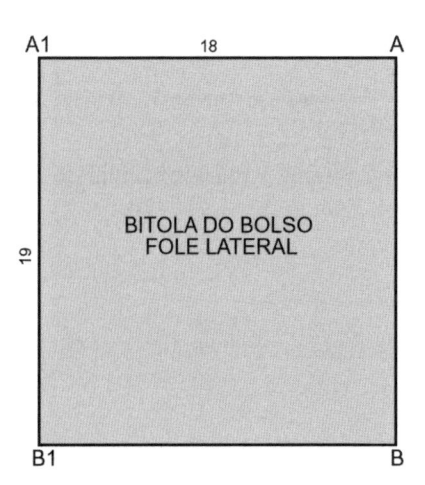

```
A1 ———— 18 ———— A

      BITOLA DO BOLSO
       FOLE LATERAL
  19

B1 ———————————— B
```

Para o bolso traçar um retângulo com largura igual à largura do bolso (18 cm) e altura igual à altura do bolso (19 cm). Esse molde servirá como bitola para o tamanho do bolso pronto.

Figura 13

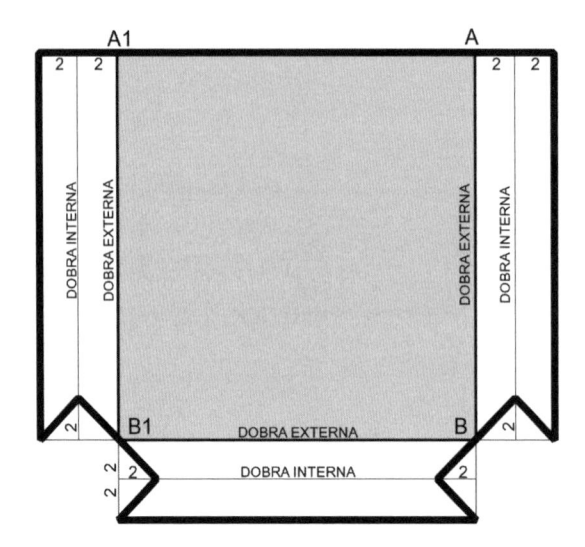

Desenhar o bolso acrescentando os espaços para a formação das pregas nas laterais e na parte de baixo conforme Figura 12.

Figura 14

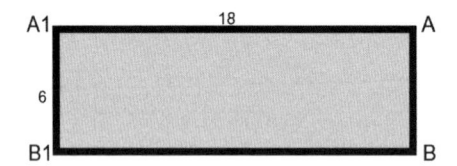

A tampa é um retângulo com a mesma largura da bitola do bolso e altura de 6 cm, como na Figura 14.

CÓS, PERTINGAL, BRAGUILHA E PASSADORES

Cós – O cós da calça esporte é geralmente inteiro e sem costura na parte de cima.

Figura 15

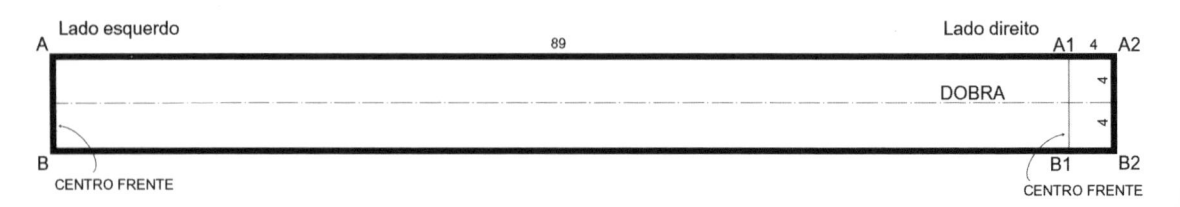

Traçar o cós conforme Figura 15, onde **A – A1** é igual à soma das medidas nos moldes da cintura das duas partes da frente e das duas partes das costas mais 1,0 cm de folga.

A distância **A1 – A2** corresponde ao transpasse do pertingal que é de 4 cm.

A – A1 → medida da cintura total no molde + 1 cm (89 cm)
A1 – A2 → transpasse do pertingal (4 cm)
A – B ↓ 2x a largura do cós (8 cm)

Pertingal
Traçar um retângulo com largura de 5 cm e altura igual à medida do zíper mais 5 cm (20 cm).

Figura 16

Desenhar o pertingal conforme Figura 16 que, posteriormente, será rebatido pela linha **A1 – C**.

Importante: O molde do pertingal já inclui as margens para costuras.

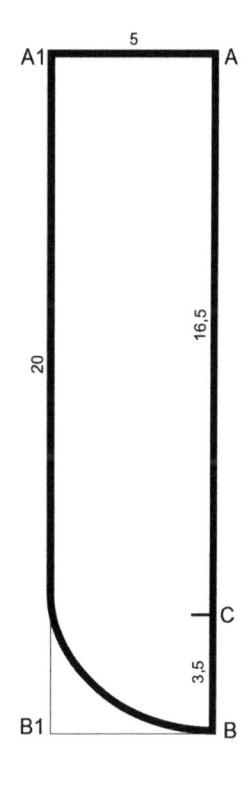

Figura 17

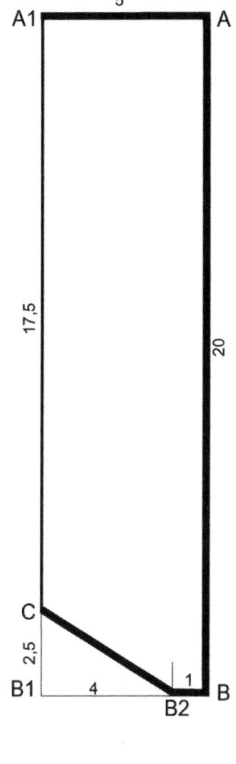

Braguilha

Traçar um retângulo igual ao que foi traçado para a construção do pertingal.

Desenhar a braguilha conforme Figura 17

Importante: O molde da braguilha também inclui as margens para costura.

Passadores

Desenhar a tira para os passadores do cós como na Figura 18.

Figura 18

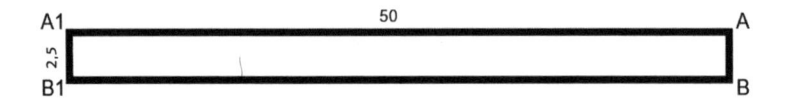

```
A1                    50                        A
   ┌──────────────────────────────────────────┐
2.5│                                          │
   └──────────────────────────────────────────┘
B1                                              B
```

PREPARAÇÃO DOS MOLDES

Após traçarmos todas as partes da calça, vamos preparar os moldes.

Frente e costas – Marcar a linha do fio do tecido correspondente à linha do eixo.

Figuras 19 e 20

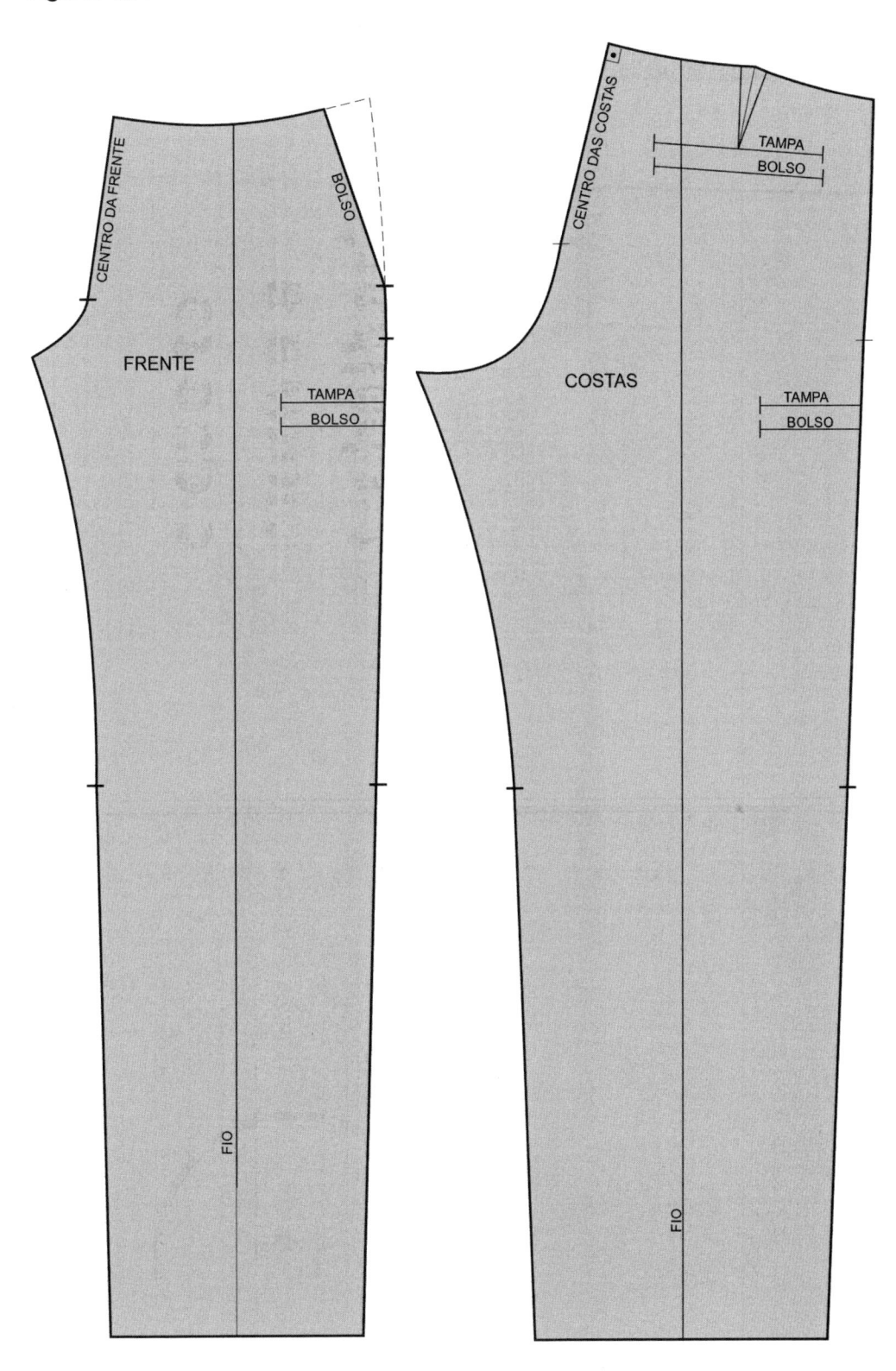

Fundo do bolso dianteiro e pertingal – Como os traçados são feitos pela metade, rebater e marcar a linha do fio do tecido conforme Figuras 21 e 22.

Figuras 21 e 22

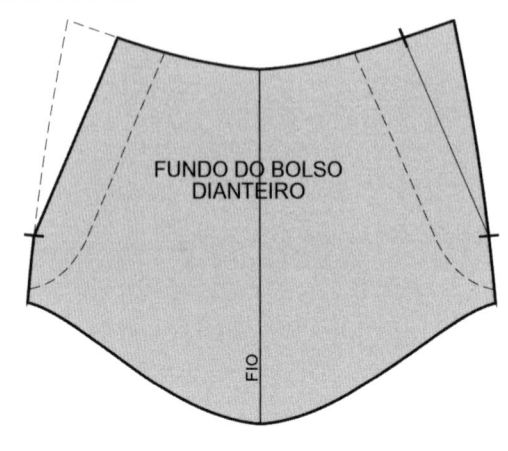

Limpeza do bolso dianteiro e espelho do bolso dianteiro – Marcar a linha do fio conforme Figuras 23 e 24.

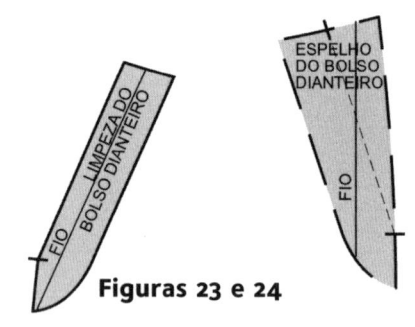

Figuras 23 e 24

Braguilha, cós e passadores – Marcar a linha do fio na direção da maior dimensão do molde, como nas Figuras 25, 26 e 27.

Figura 25

Figura 26

Figura 27

Bolso fole lateral, bolso traseiro, tampa do bolso fole lateral, tampa do bolso traseiro – Marcar a linha do fio conforme as Figuras 28, 29, 30 e 31.

Figura 28

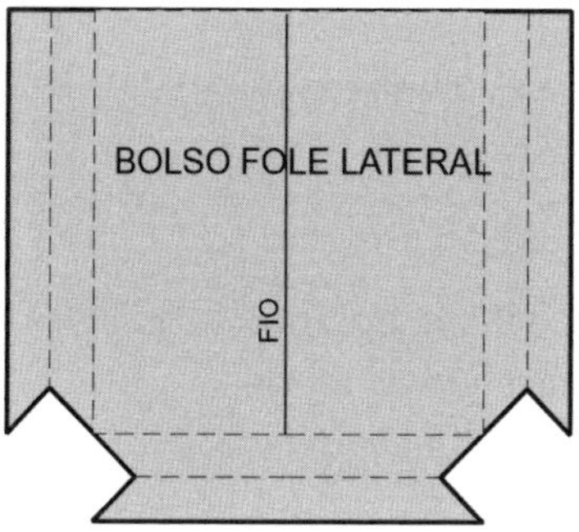

Figura 29

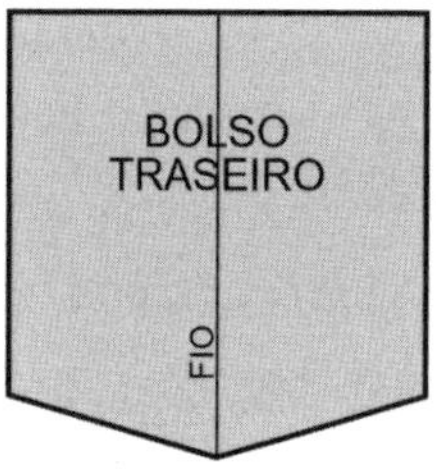

Figura 30

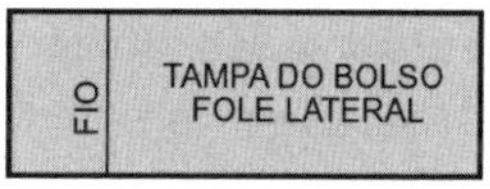

Figura 31

Bitola do bolso traseiro – Não é necessário marcar direção do fio pois esse molde só será utilizado como bitola para o tamanho do bolso depois de pronto.

Figura 32

COLOCAÇÃO DAS COSTURAS

Como os moldes foram preparados sem margens para costuras ou bainhas, para finalizarmos, é necessário acrescentarmos as costuras. Além disso, temos que fazer as anotações necessárias em cada uma das partes da modelagem, conforme o exemplo dado na camisa social.

O acréscimo de costuras é semelhante ao da calça social, com pequenas diferenças explicadas a seguir:

Frente e costas – Acrescentar 1 cm de costura em toda a volta, exceto na bainha que deve ser no mínimo 5 cm.

Cortar duas vezes (1 par) cada uma das partes no tecido.

Braguilha e pertingal – Correspondem aos moldes que foram traçados. As margens para as costuras já estão incluídas. Cortar cada um deles uma vez no tecido.

Fundo do bolso dianteiro – Acrescentar 1 cm de costura em toda a volta. Cortar duas vezes no forro.

Limpeza do bolso dianteiro e espelho do bolso dianteiro – Acrescentar 1 cm de costura em toda a volta. Cortar duas vezes, cada um, no tecido.

Cós – Acrescentar 1cm de costura em toda a volta. Cortar uma vez no tecido.

Passadores – Corresponde ao molde traçado. Cortar uma vez no tecido.

Bolso traseiro e bolso fole lateral – Acrescentar 1 cm de costura em toda a volta exceto na abertura do bolso onde a margem para a bainha deve ser de 3 cm. Cortar duas vezes (1 par) cada uma das partes no tecido.

Tampa do bolso traseiro e tampa do bolso fole lateral – Acrescentar 1 cm de costura em toda a volta. Cortar quatro vezes no tecido cada um.

Bitola do bolso traseiro, bitola do bolso fole lateral, bitola da tampa do bolso traseiro e bitola da tampa do bolso fole lateral – São os moldes preparados para os bolsos e as tampas antes do acréscimo das margens para costuras. São usados apenas para gabaritar as partes antes de pregar na calça.

PARTES COMPONENTES DA CALÇA ESPORTE

O conjunto de moldes que compõe a modelagem da calça esporte pode ser assim resumido:

1 **frente** – 2x (1 par) no tecido

2 **costas** – 2x (1 par) no tecido

3 **pertingal** – 1x no tecido

4 **braguilha** – 1x no tecido

5 **cós** – 1x no tecido

6 **passadores** – 1x no tecido

7 **limpeza do bolso dianteiro** – 2x (1 par) no tecido

8 **espelho do bolso dianteiro** – 2x (1 par) no tecido

9 **bolso traseiro** – 2x no tecido

10 **bolso fole lateral** – 2x no tecido

11 **tampa do bolso traseiro** – 4x no tecido

12 **tampa do bolso fole lateral** – 4x no tecido

13 **fundo do bolso dianteiro** – 2x no forro

14 **bitola do bolso traseiro**

15 **bitola do bolso fole lateral**

16 **bitola da tampa do bolso traseiro**

17 **bitola da tampa do bolso fole lateral**

CALÇA COM ELÁSTICO

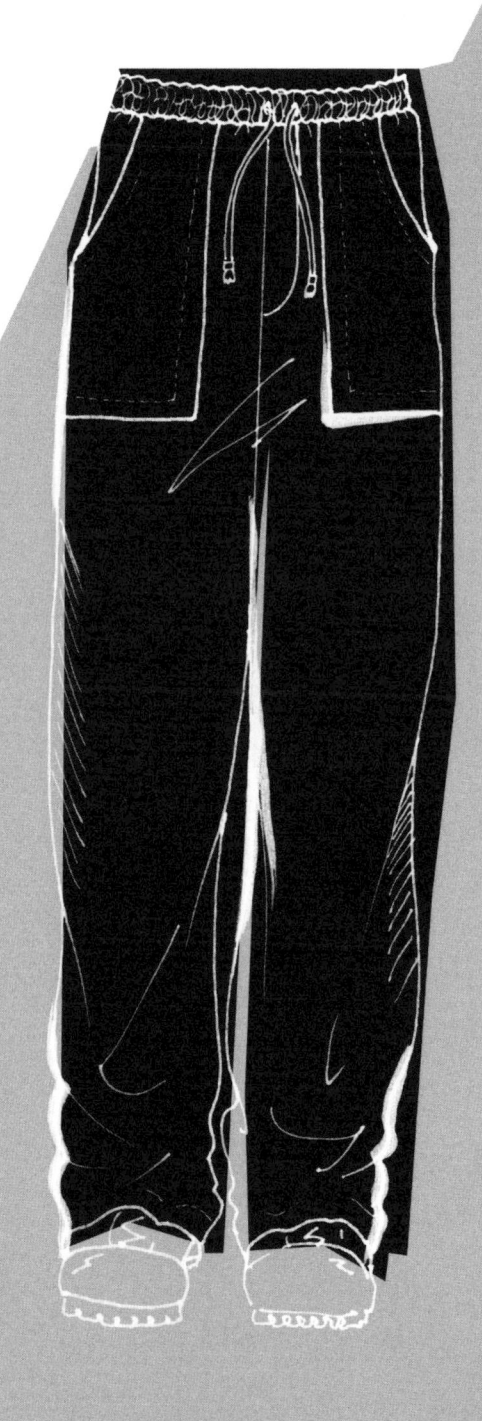

CALÇA COM ELÁSTICO NA CINTURA

Calça com elástico na cintura, bolsos chapados na frente e nas costas.

Figura 1

INTERPRETAÇÃO A PARTIR DA BASE DA CALÇA

Semicintura = 42 cm

Rebaixamento da cintura = 4 cm

Folga total no quadril = 6 cm

Largura da boca = 25,5 cm (largura na base da calça)

Largura do elástico = 4 cm

FRENTE

Figura 2

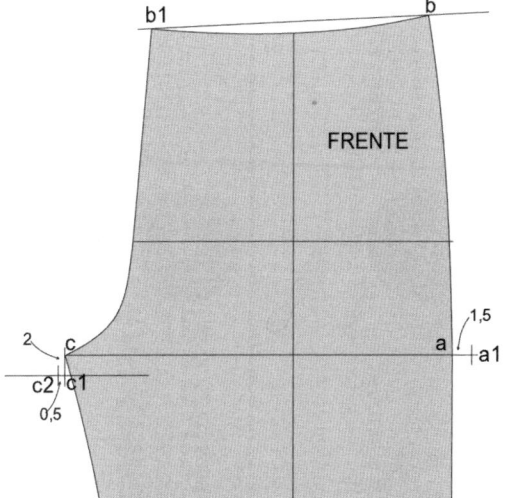

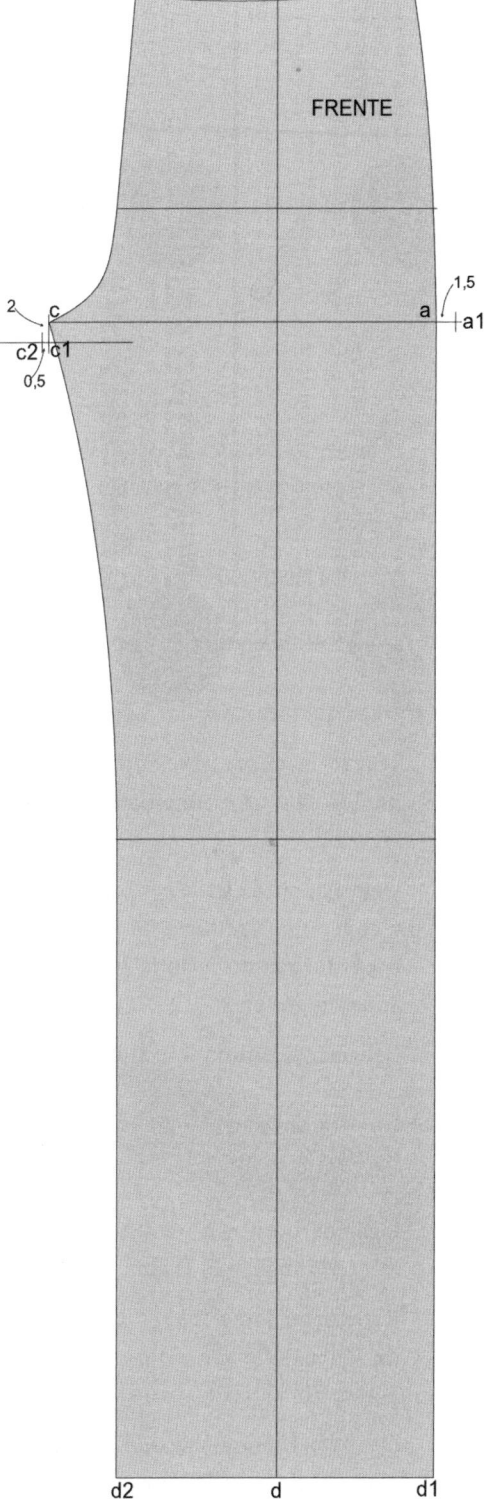

Copiar a base da frente da calça.

Marcar a quarta parte da folga no quadril, na linha do gancho.

a – a1 → 1,5 cm

Ligar os pontos **b1** e **b2** em linha reta e prolongar.

Rebaixar o gancho em 2 cm conforme Figura 2

c – c1 ↓ 2 cm
c1 – c2 ← 0,5 cm

Figura 3

Ligar os pontos **d1** e **a1** em linha reta e prolongar até o prolongamento da linha **b2 – b**, determinando o ponto **b2**.

Medir a distância **e – e1**.

e – e2 ← = medida **e – e1**

Ligar **d2** e **e2** com um segmento de reta.

Traçar a curva da entreperna ligando os pontos **e2** e **c2**, concordando em **e2**, conforme Figura 3.

Unir os pontos **b1** e **c3** com um segmento de reta e concordar com uma curva ligando os pontos **c3** e **c2**, formando a linha do centro da frente e a linha do gancho.

Rebaixar a cintura 4 cm.

b1 – b4 ↓ 4 cm
b2 – b3 ↓ 4 cm

Ligar os pontos **b3** e **b4** com um segmento de reta, determinando a linha da dobra para o elástico.

Rebater a linha **b4 – c3**, conforme o trecho de linha tracejado entre os pontos **b4** e **b1**, na Figura 3.

Desenhar o bolso chapado 5 cm abaixo da dobra do elástico, de acordo com as medidas na Figura 3.

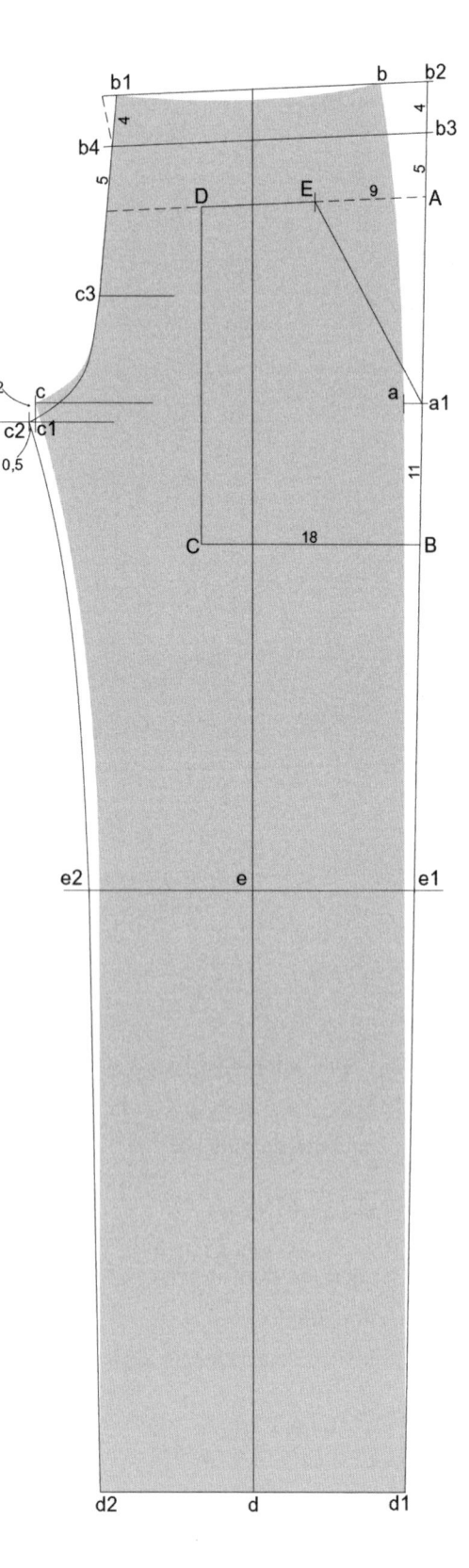

Figura 4

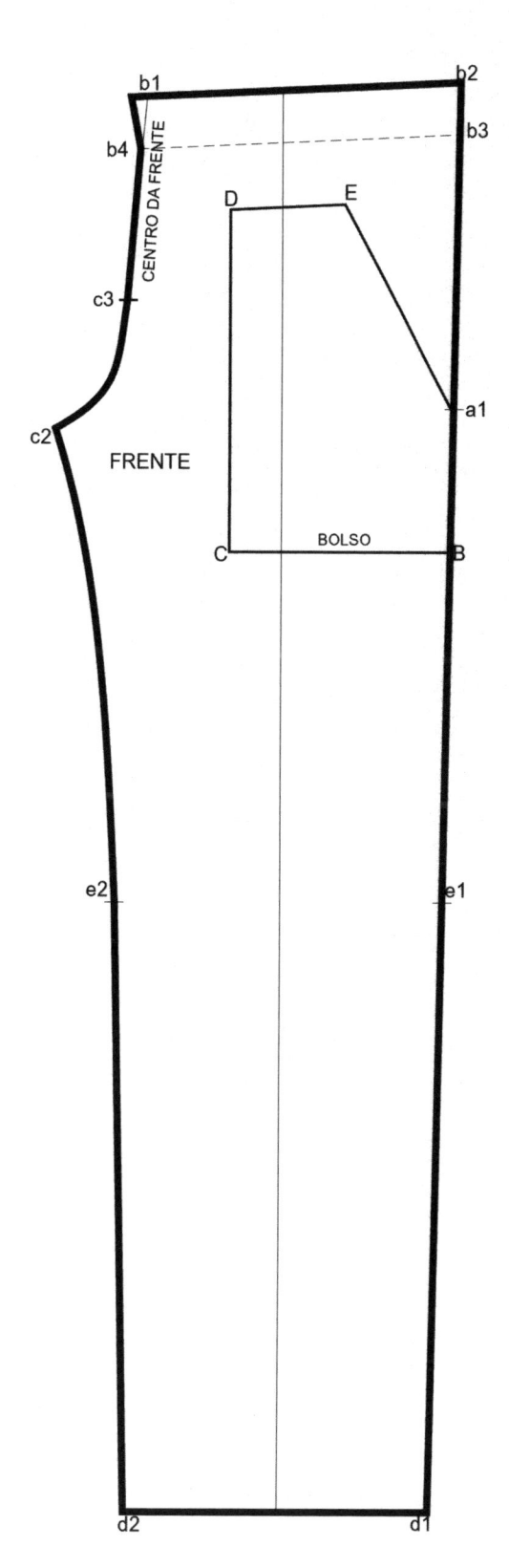

Definir o contorno da frente da calça conforme Figura 4.

Costas

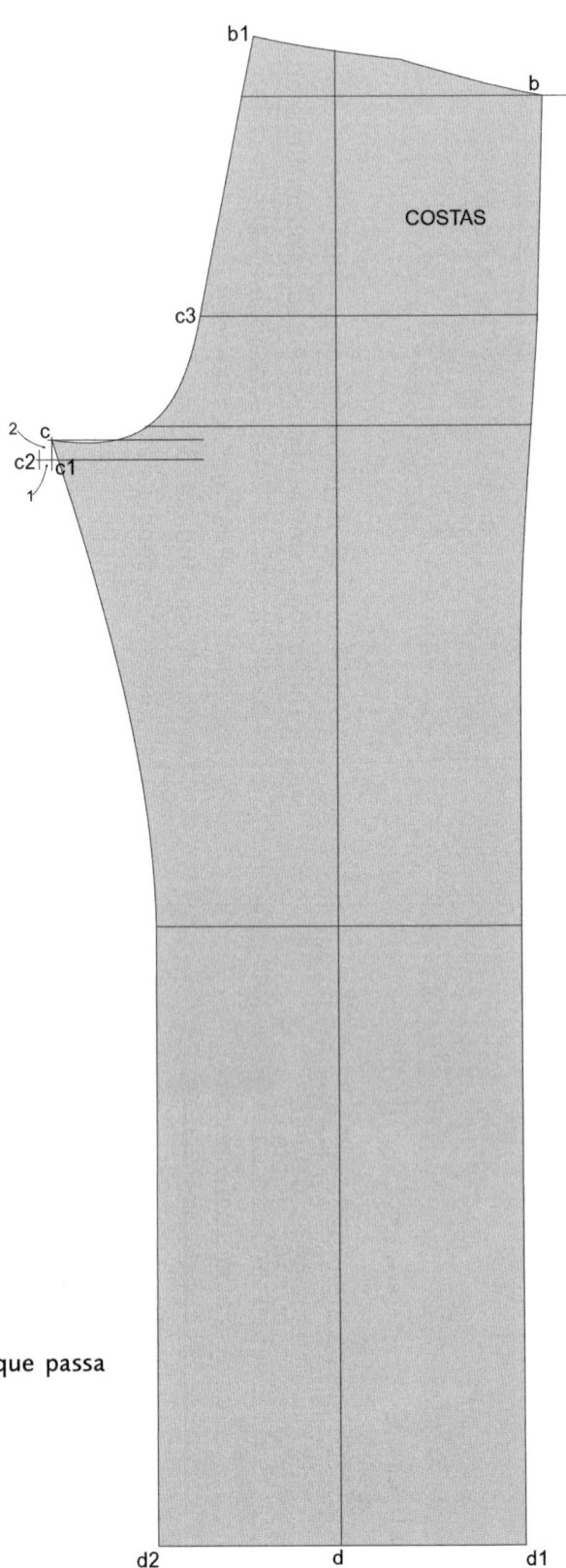

Figura 5

Copiar a base das costas da calça.

Prolongar à direita a linha horizontal que passa no ponto **b**.

Rebaixar o gancho conforme Figura 5.

c – c1 ↓ 2 cm

c1 – c2 ← 1 cm

Figura 6

Medir a linha da cintura na parte da frente (25 cm).

Marcar a medida encontrada, em linha reta entre os pontos **b1** e **b2**, no prolongamento da horizontal que passa por **b**.

b1 – b2 ↘ medida da cintura da frente (25 cm)

Ligar os pontos **b3** e **d1** com um segmento de reta, determinando o ponto **e1** na linha do joelho.

Medir a distância entre os pontos **e** e **e1**.

e – e2 ← = medida **e – e1**

Ligar os pontos **d2** e **e2** com um segmento de reta.

Traçar a curva da entreperna ligando os pontos **e2** e **c2**, concordando em **e2**, conforme Figura 6.

Unir os pontos **b1** e **c3** com um segmento de reta e concordar com uma curva ligando os pontos **c3** e **c2**, formando a linha do centro da frente e a linha do gancho.

Rebaixar a cintura 4 cm.

b1 – b4 ↓ 4 cm
b2 – b3 ↓ 4 cm

Ligar os pontos **b3** e **b4** com um segmento de reta, determinando a linha da dobra para o elástico.

Rebater a linha da lateral, conforme o trecho de linha tracejado entre os pontos **b3** e **b2**, na Figura 6.

Desenhar o bolso chapado de acordo com as medidas na Figura 6.

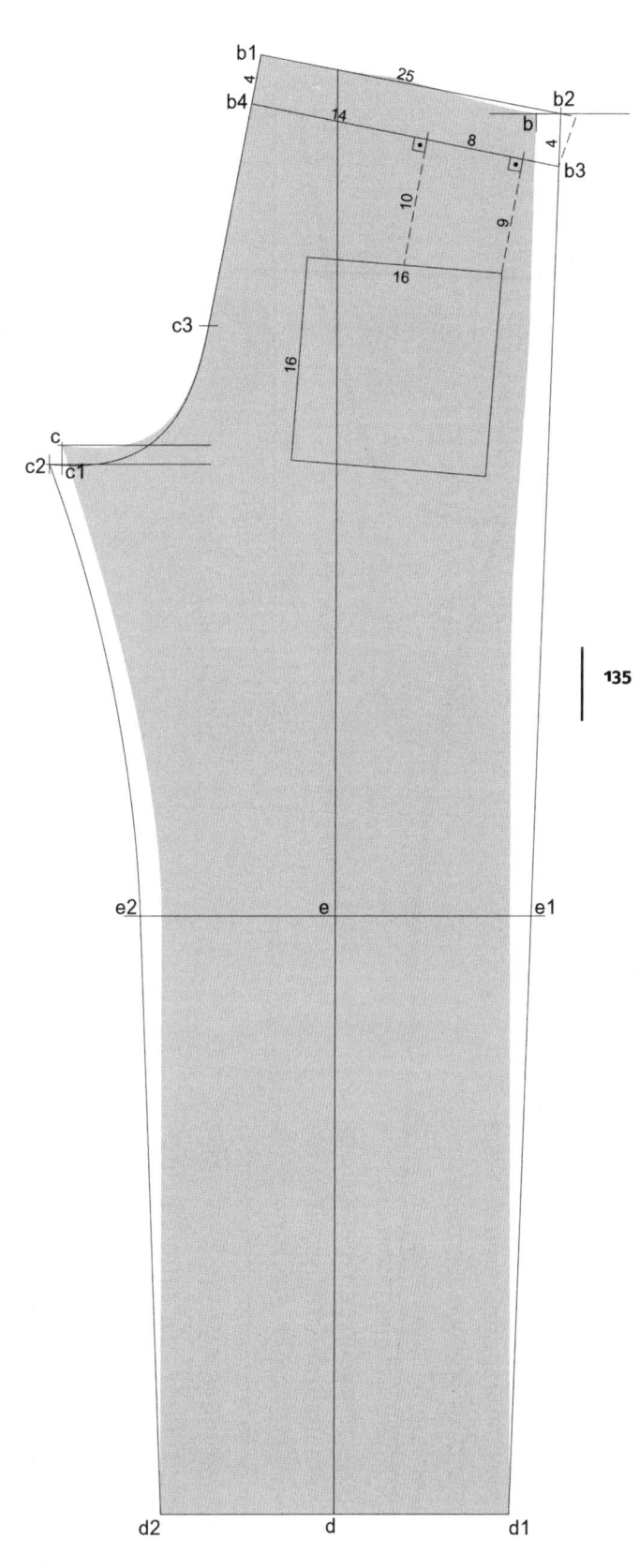

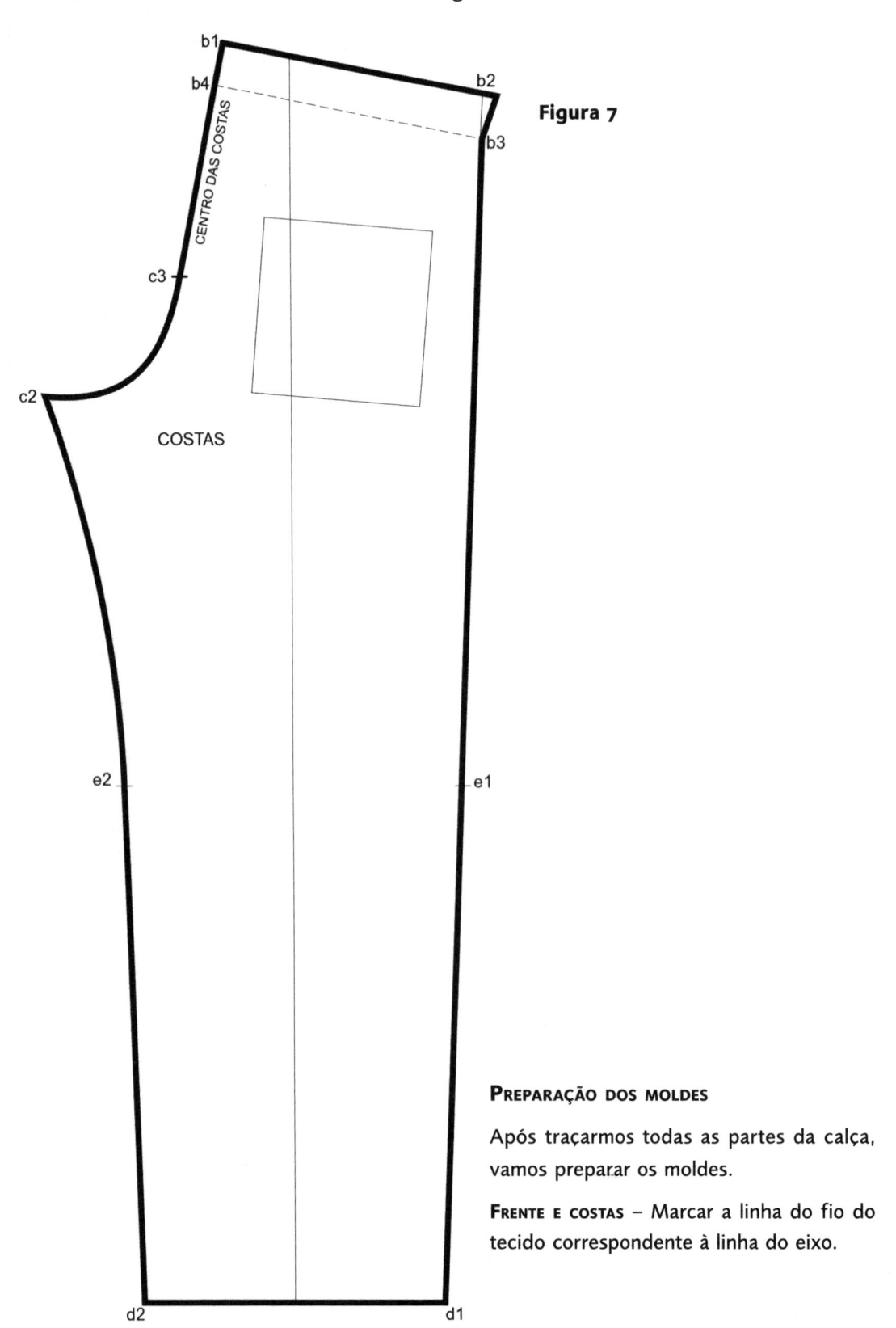

Definir o contorno das costas conforme Figura 7.

Figura 7

CENTRO DAS COSTAS

COSTAS

PREPARAÇÃO DOS MOLDES

Após traçarmos todas as partes da calça, vamos preparar os moldes.

FRENTE E COSTAS – Marcar a linha do fio do tecido correspondente à linha do eixo.

Figuras 8 e 9

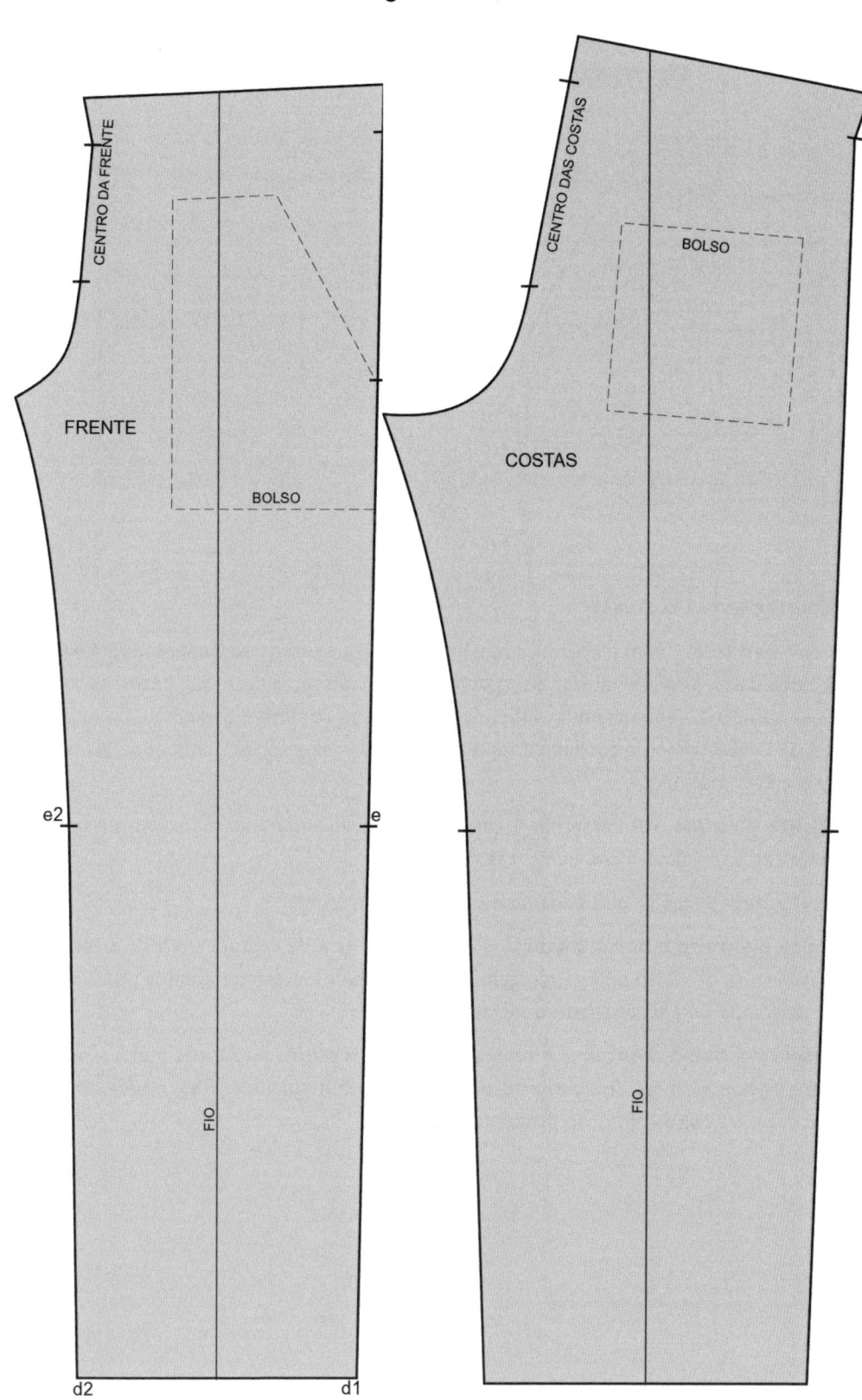

Bolso dianteiro e bolso traseiro – Marcar a linha do fio conforme Figuras 10 e 11.

Figuras 10 e 11

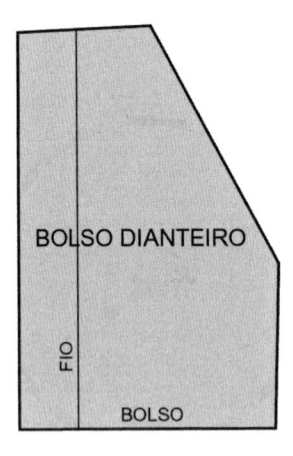

Colocação das costuras

Como os moldes foram preparados sem margens para costuras ou bainhas, para finalizarmos, é necessário acrescentarmos as costuras. Além disso, temos que fazer as anotações necessárias em cada uma das partes da modelagem, conforme o exemplo dado na camisa social. O acréscimo de costuras é semelhante ao da calça social, com pequenas diferenças explicadas a seguir:

Frente e costas – Acrescentar 1 cm de costura em toda a volta, exceto na bainha que deve ser no mínimo 5 cm, como nas figuras.

Cortar duas vezes (1 par) cada uma das partes no tecido.

Bolso dianteiro e bolso traseiro – Acrescentar 1cm de costura em toda a volta, exceto na abertura do bolso onde a margem para a bainha deve ser de 2 cm. Cortar duas vezes (1 par) cada uma das partes no tecido.

Bitola do bolso dianteiro e bitola do bolso traseiro – São os moldes preparados para os bolsos antes do acréscimo das margens para costuras. São usados apenas para gabaritar os bolsos antes de pregar na calça.

Partes componentes da calça com elástico

O conjunto de moldes que compõe a modelagem da calça com elástico pode ser assim resumido:

1 **frente** – 2x (1 par) no tecido

2 **costas** – 2x (1 par) no tecido

3 **bolso dianteiro** – 2x (1 par) no tecido

4 **bolso traseiro** – 2x no tecido

5 **bitola da gola** – 1x na entretela

6 **bitola do bolso**

BIBLIOGRAFIA

DOBLIN, Frank C. **Nuevo metodo de corte Mitchell**: un tratado completo, pratico y de referencia para el corte y diseno moderno de toda clase de prendas masculinas. New York: American – Mitcell Fashion Publishers [1935].

KAWASHIMA, Masaaki. **Fundamentals of men's fashion design**: a guide to tailored clothes. New York: Fairchild Publ., 1980.

ROBERTS, Edmund B.; ONISHENKO, Garry. **Fundamentals of men's fashion design**: a guide to casual clothes. 2. ed. New York: Fairchild Publ., 1985.

Este livro foi composto com a tipologia Foundry Sans, impresso em papel off-set 90g/m² no miolo e cartão supremo 250g/m² na capa.